20年践行珍藏版

华德福在中国：
迈向个性的教育

黄晓星 著

SPM

南方出版传媒

全国优秀出版社
全国百家图书出版单位

广东教育出版社

·广州·

图书在版编目（CIP）数据

华德福在中国：迈向个性的教育/黄晓星著. — 2
版. — 广州：广东教育出版社，2014.8
ISBN 978-7-5548-0058-4

Ⅰ.①华… Ⅱ.①黄… Ⅲ.①儿童教育—研究
Ⅳ.①G61

中国版本图书馆CIP数据核字（2014）第148745号

HUADEFU ZAI ZHONGGUO：MAIXIANG GEXING DE JIAOYU
华德福在中国：迈向个性的教育（20年践行珍藏版）

黄晓星 著　　　　　　　　　　　　　　　　　版权所有 翻印必究

出 版 人：应中伟
责任编辑：周莉　蚁思妍　王楚乔
特约编辑：陈斌
封面绘画：陈沿羽
内文摄影：陈沿羽（除署名外）
装帧设计：张绮华
责任技编：杨启承

出版发行：广东教育出版社
地　　址：广州市环市东路472号12-15楼
邮　　编：510075
网　　址：http://www.gjs.cn
印　　刷：佛山市浩文彩色印刷有限公司印制
　　　　　（佛山市南海区狮山科技工业园A区）
书　　号：ISBN 978-7-5548-0058-4
开　　本：889毫米×1194毫米　1/24
印　　张：10.5　　字　　数：200千字
版　　次：2002年5月第1版　2014年8月第2版
印　　次：2014年8月第2版第1次印刷 累计第5次印刷
定　　价：38.00元

质量监督电话：020-87613102　　邮箱：gjs-quality@gdpg.com.cn
购书咨询电话：020-87615809

自 序

学校是一段旅程，教育是一种生活

黄晓星

2002年，我在广东教育出版社出版了《迈向个性的教育》，那是中国第一本全面、系统和多角度地介绍华德福教育的书。当时我的初衷是，读者哪怕从书中的一部分内容受益，或读完后有一些自己的感受，就很好了，我想这也是尊重个性的华德福教育的体现。在那之后，我和一群志同道合的伙伴开始了华德福教育在中国的实践，也陆续收到一些读者来信，与我分享读这本书的感受。很多读者来信说书中某个部分打动了他（她），还有读者来信问什么时候中国会有这样的学校，我回信说时机到了就会有的。也有读者希望就我在中国华德福教育将近十年的实践补充一些更加具体的内容，甚至有人来信说，因为读到这本书而改变了自己的生活和命运。

所有的事情都不会无缘无故地发生。与其说是我找到了华德福教育，还不如说是华德福教育找到了我。

2000年，我在美国拿到华德福教育的硕士学位后就回到北京，试图寻找创办华德福学校的机会，不料，来自德国的志愿者卢安克从广西南宁来找我，希望我帮他修改《与孩子的天性合作》这本书。我们在清华大学的北门外找了一间没有暖气的平房安顿下来，我把自己的硕士论文翻译成中文，并试图在此基础上扩充成一本书。我和卢安克在这间只有几平方米的小房子里一起工作了两个月，并分别完成了《迈向个性的教育》和《与孩子的天性合作》的写作。2002年，这两本书同时由广东教育出版社出版了。

写完书，我真希望在中国实践华德福教育，可是，很快我就发现，那个时候（2000年）不是华德福教育进入中国的合适时机，因为没有太多渠道和资料让大家知道和学习华德福教育。最重要的是，缺乏了解华德福教育的老师和家长，没有人知道到底怎么去实践华德福教育。后来，我去了成都一所师范大学教书，希望先培养一些未来的华德福学校老师，卢安克也回到广西农村继续他的志愿者工作。

然而，在大学当老师的工作并不是我想象中那样美好，甚至让我有些失望。几个月后，我又回到美国与家人团聚，接着我的第三个儿子在美国出生了。孩子出生后，我的爱人张俐不再乐不思蜀，她在离开成都五年后第一次希望回成都看看。于是2003年初（正是"非典"最吓人的时候），我和张俐带着3个孩子回国探亲，那时我们最小的孩子才7个月大。回国之后，我们一家人全都发高烧，轮流去医院打点滴。孩子们也是在美国生活了5年后第一次回国，同时，张俐也完成了她的培训，并做了一个回国创办华德福学校的决定。

之后的一年时间里，为了回国办华德福学校，我们在美国做了很多筹备工作，包括创建第一个用中文介绍华德福教育的网页，还建了一个QQ群来组织国内的朋友学习华德福教育。现代媒体技术帮助我们聚集了一群热爱华德福教育的朋友，从他们的期待中，我看到了自己曾经的渴望；从他们热情的邀请和鼓励中，我们更加觉得回国办华德福学校已经是义不容辞的使命。这个QQ群学习小组中的几个成员后来也成为了中国第一所华德福学校的创办人。

2004年6月，在英国学习了华德福教育的李泽武已经毕业并回国半年了，我们首先租下成都郊区一个破落的农家小院，华德福教育QQ群中蹦出来几位来自不同地方的华德福教育的爱好者，来到成都和李泽武一起工作。一个月后，我和张俐带着3个孩子离开美国回到成都，继续追求我们在美国纽约所经历的华德福社区生活——那种门不闭户和鸡犬相闻的生活。我们十几个大人和十几个孩子通过创办成都华德福学校，学习华德福教育和人智学，试图构建一个人智学生活社区。

教育成为我们的一种生活方式，学校也成为我们生命的一段旅程。

说起来，华德福教育在中国的结缘始于1994年的夏天。来自澳大利亚的Ben和Thanh老师在成都旅游，来到我和张俐在成都经营的西餐厅。我们一起聊天，就如往常跟来自世界各地的游客聊天那样自如。但是，在那次的聊天中，当聊到我们都面临着的精神上的困境时，我们改变了平时跟游客聊天的方式——他们建议并邀请我们去茶馆喝茶，离开自己的餐厅和工作，这样可以专心聊一聊。于是，第二天，我们就在府南河边的一家茶馆喝下午茶，聊了一个下午的人智学和教育。那是我第一次听到了人智学和华德福教育，通过与这两位老师的交流，人智学的理念与精神也在我的心中产生了共鸣，甚至震荡，以致我决定去英国继续学习。在Ben和Thanh老师的推荐下，我得到英国一个基金会的资助，第二年秋天就开始在英国的爱默生学院学习人智学，接着学习华德福教育，两年之后又去了美国春之谷继续学习华德福教育并在那里工作了6年，直到2003年回国。也就是说，我在国外学习和工作了将近10年。

正如我前面所说的，与其说是我找到了华德福教育，还不如说是华德福教育找到了我。

华德福教育的理念来自于鲁道夫·斯坦纳创立的人智学，在《自由的哲学》一书前言里他写道："人智学是一种途径（注：不是一种理论体系），是一种可以帮助个体从精神出发找到通往宇宙的精神的途径，通过学习人智学就不会盲从，也不会盲目拒绝，当个体有内在需求，就能跟这个需求在内在产生共鸣。"

我在读大学的时候，曾经非常饥渴地为精神困境寻找出路，"不务正业"地读了包括社会学、经济学、心理学、人类学、哲学和宗教学等各类书籍；几乎每个星期天都会去外国老师家里参加基督教聚会，并给老师做翻译，因为翻译而学习基督教，同时也接触到不少基督教徒。我看到身边很多年轻的学生都成为了基督教徒，为他们找到了他们的宗教而高兴的同时，我还在寻找自己的信仰，但不是宗教。

每个人都会有自己的信仰，但是未必有宗教。只有坚持自己所信的宗教，踏实地在生活中实践自己的信仰，宗教才能起到信仰的作用，否则还有可能不停地从"他处"寻找信仰。我把自己的寻找称为信仰的寻求，而不是宗教的需求，结果在寻寻觅觅之中找到了华德福教育——从1995年去英国学习华德福教育到2004年在成都创办华德福学校，把华德福教育带回中国，它已成为我心灵之所驻。

感恩父母和家人让我接受了十几年的教育，开启了我生命旅程中最早的一段学习的旅程。学校教育虽改变了我的生命轨迹，但并未让我完全走出精神的困境。在不经意却又命中注定地遇见华德福教育和人智学之后，我才开启这一段新的旅程。我发现，教育如果不能让人的心灵丰富，找到通往宇宙精神的途径，充其量也就是学习一些二手知识，以便日后谋生而已。这种教育的直接结果是无论生计是否有着落或富足，精神生活依然贫乏或空虚。我有过这样的体验，深信教育对于人类信仰的富足和充实负有责任。而在英国和美国接受的华德福教育和实践，也让我在经历脱胎换骨的全方位洗礼后，更加确信华德福教育是我们这些在撞撞跌跌中迈向现代文明的人们最需要的教育之一。

华德福教育的使命是帮助孩子准备好进入生活，探索自己的生活方向，踏上生命的自由之旅。教育一定要成为生活的一部分，要成为一种生活方式。斯坦纳一百多年前创办的华德福教育就是秉承这个目标，并要求教育者把学校当作自己生命的一段旅程，在学校教育中护送孩子迈向自由之旅时，自己也走过一段非常丰富和有意义的自由之旅。

在成都创办全国第一所华德福学校的真正意义，不仅仅是引进了一种不同的教育方式，也是一种教育理念，更是一种价值观和生活方式，引导有兴趣的人探索自己的自由之旅。

在创办成都华德福学校之前，我们全家曾经生活在纽约的春之谷（Spring Valley）——一个于1924年开始实践人智学而形成的社区。那里就像一处门不闭户、鸡犬相闻、风景如画的"桃花源"。后来，我们举家搬回到成都最破落的东南郊区城乡结合部，那里小偷毛贼三天两头就翻墙来光顾一次（夜里，我的裤子跑到了学校围墙之外，老师的电脑也"溜"出去了）；那里的蚊子比任何地方都凶，而且"爱吃西餐"（特别喜欢叮外国老师）。我们的生活环境发生了变化，可是，在中国创办华德福学校的梦想却没有改变。我们的孩子之前还没有被蚊子如此"凶猛"地咬过，刚回成都时他们连一句中文都听不懂。他们的世界变得异常的寂静，静到可以清晰地听到蚊子张牙舞爪的声音。我们坚定地投入新的生活，孩子也别无选择地适应了新的生活；我们选择了这样的生命旅程，这样的生命旅程也选择了孩子们。

实际上，我们并没有带一大笔资金回成都来办学校。在美国筹款时，我们用了很多办法进行义卖——通过做美食，让朋友来参加宴会购买高价"饭票"；还有很多美国的退休老师和朋友，几十、几百美元地捐款，一共获得约2万美元的资金。成都华德福学校一开始就是一个非盈利机构，但不是一个慈善机构。学校定位为一个非盈利机构，是希望通过学校建设和发展，营造一种机制给热爱华德福教育的朋友，用自由和自愿的方式各尽所能地支持办学，发展一种新的社区文化生活。成都华德福学校作为非盈利机构的学校和公司性质的学校最根本的区别不在学校组织和管理形式上，而在最终的目标上。创立、建设和发展华德福学校的目的之一，是希望参与其中的每一位朋友都能实现个人价值，实现自我；希望每一个参与学校建设和管理的人，都能在自己的生命旅途中走过丰富而有意义的一段旅程。

任何的生活都不是完全称心如意的，任何的旅程也都不会一帆风顺。华德福学校成为我生活旅途中的一部分，一开始就意味着创造，创造就意味着不断地尝试。很多有勇气的家长让自己的孩子与我们一起尝试，出于对我们的信任而加入了这个颇具创造性、甚至有冒险性的旅程。哪怕是跟我们结伴走过一段非常短的旅程的朋友，如果这个旅程对他们的生活产生积极的影响，我也衷心地为他们感到喜悦；如果他们未能在这个旅程中体验到生活的乐趣和意义，那么，不妨将这个短暂的旅程当作一种生活的尝试，我也为那些带着疑虑和不满离开的朋友感到惋惜，为那些离开之后找到新的目标的朋友感到欣慰。

有缘结伴一起踏上华德福学校这段旅程，意味着我们有机会一起成长。成都华德福学校作为中国第一所华德福学校，其诞生如孩子的诞生一样带来爱和温暖，同时带来呵护他的天使，也带来他所需要的。消息在世界各所华德福学校和人智学的社区传开之后，我们接到很多来信，其中有表示祝贺、敬佩、惊叹和惊奇的，也有表示愿意支持和帮助的。来自世界各地的老师和朋友们，不断给予我们各种帮助，其中就包括介绍我们认识华德福教育的Ben和Thanh老师。他们就如学校的爷爷和奶奶，给予成都华德福学校悉心照顾和关怀，他们的帮助使得成都华德福学校能健康成长。学校经过婴儿期、幼儿期到开始蹒跚学步，到现在蹦蹦跳跳地展示自己、引人注目。看到学校像个孩子那样长大，大家都感到很自豪。

在学校创办三周年的时候，成都华德福学校正式全面启动了小学教师和幼儿教师的培训项目。目前，在全国各地办华德福学校或幼儿园的朋友，几乎都是在成都华德福学校培训过的学员。成都华德福学校的老师也到全国各地去办讲座和帮助不同地方的华德福学校和幼儿园发展。很多外地籍的老师，回老家过年或探亲时几乎成为了家乡关注教育的家长们最受欢迎的人。老师们都为成为华德福学校的一员而感到自豪，也深感自己的使命。教育真正成为了他们生活的一部分。

不少朋友都是因为孩子的教育而遇到了华德福教育，哪怕他们不能成为老师，却坚持学习华德福教育的各种课程。华德福教育给他们的孩子和生活带来了可圈可点的积极变化，这也是从事华德福教育的老师们感到最欣慰的事。如果我们能在自己的生命旅途中，帮助他人或同路人实现积极的变化，我们就在这段与华德福教育同行的旅程中，展现出不同的生活，也就体现出我们的存在与意义，这也实现了创办华德福学校的目标之一。

距离上一版《迈向个性的教育》的出版，已经有12年的时间了。这么多年来，华德福教育在中国的发展发生了很大的变化，很多人的生活因为"华德福"这几个字也变得有所不同。所以，我更加愿意把这本书送给正在实践华德福教育的同行们。书中也特意更新了一些内容，包括增加了华德福学校在中国发展的部分。比如华德福教育如何结合中国的国情和文化，实现本土化发展。华德福教育是否水土不服？华德福教育出来的学生能否跟社会接轨？从华德福教育出来的学生都上了什么学校？他们的情况如何？希望您在读完这本书后对这些问题能有一些新的理解。

所有的遇见都不是无缘无故
——做好自己，才能教好孩子，与孩子共同成长

如果没有孩子，我的生活将不会有如此大的改变；
如果没有孩子，我也不会重新审视自己；
如果没有孩子，我的人生可能不会发现一条新路。

黄晓星说，所有的遇见都不是无缘无故，包括父母与孩子的遇见，还有我和你的遇见。

感谢父母给了我生命，更要感谢孩子——因为有了这个天使降临我家，才让我开始真正思考他的人生与我的人生的交集，才让我回顾自己作为子女时与父母的链接，才让我与妻子更多地探讨一个家庭应该是什么样子的。

这一切，缘起儿子的出生。

伴随着孩子的成长，我们开始思考，怎样才能给孩子提供一个适合的环境，让孩子更好地成长？我们需要教他什么，或者不教什么？先教他什么，然后呢？许多许多疑问出现，我们开始阅读各种书籍，开始咨询其他的家长，开始考察各种教育机构……幸运的是，在这个时候，我们遇到了华德福教育，遇到了黄晓星的《迈向个性的教育》，并有机会参加了黄老师主持的针对家长的工作坊，由此得到很多对儿童教育甚至人的自我教育的启发，开始思考起一个严肃的问题——什么样的教育才是真正适合人的教育。

一遍遍阅读《迈向个性的教育》和其他的华德福教育的图书，让我

们思考——什么样的人生才是有意义的人生，到底希望孩子成为什么样的人。

甚至，我们几个志同道合的家长，在美丽的郊外小区里，用心为孩子们打造了一家温暖的华德福家庭园。

而今，践行了几年的华德福教育后，我们不再唯华德福论，对孩子的教育与成长又有了新的想法和体验。不可否认的是，华德福教育让我们真正从一个孩子的自然成长角度去看待教育，甚至可以不叫做"教育"，因为这分明就是一个原本再正常不过的人的成长过程。

可以说，华德福教育就是一种真正适合人的教育。

"当我们自己改变了，一切似乎都改变了。"这几年陪伴孩子成长的过程中，我的最大感触是，要想教好孩子，首先要做好父母。孩子就像是一面镜子，他的所有行为所有情绪，都反射自父母，来自家庭，所以当发现孩子身上有一些我们看不惯或者不满意的地方，请父母们从自身去寻找答案。

天下没有完美的父母。是的，我们也有自己的情绪，也有忽视孩子的时候，偶尔也会抓狂，但是当我们知道，孩子在看着我们、在模仿和感知我们时，我们就更有动力去完善自身，去学习改正自己的缺点，去磨炼、克制自己，去关心、关注孩子，因为只有这样，做好了父母，才能真正教好孩子，才能给孩子一个真正无憾的成长期。

我们愿意怀着崇敬，带着爱，护送孩子迈向个性、自由的旅程。

一位正在自我学习中的"华德福爸爸"　陈斌

目 录

导读一：为生活而准备的教育　　001
导读二：十问十答：华德福教育是什么，不是什么　　006
导读三：华德福教育在中国的实践　　014

第一部分　华德福教育的全貌　　021
华德福的起源　　022
华德福教育的发展史　　024
创始人鲁道夫·斯坦纳　　027
华德福教育的理念　　029
全球规模最大、发展最快的独立教育运动　　034
华德福教育如何与中国文化结合　　044
华德福教育的成果　　047

第二部分　彩虹下的华德福　　051
世界是善的——华德福的幼儿教育　　052
英国华德福幼儿园的日常活动　　058
世界是美的——华德福的小学教育　　064
苏格兰的华德福小学　　069
世界是真的——华德福的中学教育　　077
美国纽约华德福中学　　085
华德福的成人教育　　089
英国爱默生学院　　094

第三部分　华德福教育的特色　　101
艺术是华德福教育的核心　　102
艺术化的教育手段　　104
讲故事贯穿整个教学过程　　108
学生自制教材　　115
节日庆典也是课程　　118
华德福学校的课堂管理　　121
教育孩子合作代替竞争　　125
华德福教育中的农业　　128

个性化的教育　　　　　　　　　　130

第四部分　华德福教育的课程　　135
课程设计线索　　　　　　　　　　136
华德福特色的艺术课程　　　　　　139
中学阶段的艺术史　　　　　　　　145
科学课程　　　　　　　　　　　　147
历史课　　　　　　　　　　　　　150
地理课　　　　　　　　　　　　　153
外语课　　　　　　　　　　　　　156
音乐课　　　　　　　　　　　　　159
音语舞　　　　　　　　　　　　　161
体育课　　　　　　　　　　　　　164
博玛体操和空间体育　　　　　　　167
手工课　　　　　　　　　　　　　169
园艺课　　　　　　　　　　　　　173
儿童的性教育　　　　　　　　　　177
青春期性教育　　　　　　　　　　181
社会与公民教育　　　　　　　　　186

第五部分　华德福教育的实践　　189
如何成为华德福老师　　　　　　　190
华德福学校的家长　　　　　　　　195
如何创办一所华德福学校　　　　　198
从华德福课程到华德福学校　　　　203
华德福学校的原则是什么　　　　　207
华德福学校的发展模式　　　　　　213
华德福学校能否通过商业模式来运作　221
华德福学校必须是非盈利机构吗　　224
华德福教育和文化社区　　　　　　227
华德福教育发展了100多年，为什么还是非主流教育　231
华德福教育如何与主流教育接轨　　235

导读一

为生活而准备的教育

孩子从出生到七岁这个过程中，玩耍中所展现出的个性特质会在他20岁后作独立判断时再次呈现出来。我们现在对孩子所做的事会在他20岁以后依然起着塑造这个人的作用。

华德福教育的创始人鲁道夫·斯坦纳称，儿童早期的成长是"建构生命的力量"或"生命体"在工作。这些力量充满创造性，像不可思议的艺术家，塑造、构建着孩子的器官，并注以活力。这些力量在孩子最了不起的进步中功不可没：大约一岁时的直立，蹒跚学步；从两岁开始的牙牙学语到说出完整的句子；三岁开始思考，或第一次回忆事情，这些都是"孜孜不倦"的学习。

斯坦纳说，这些成长的力量会逐渐从构建身体的工作中解放出来，并开始在想象力、记忆力和智力的发展中发挥作用。生命力逐渐完成身体构建的一个外在标志是换牙。牙齿是我们身体中最坚硬、密度最高的部分，因此，当这些牙齿脱落并更换时，就意味着孩子已经准备好在学校进行发展想象力、记忆力等智力能力的学习了。

华德福幼儿园的家长和老师们认识到了这一点，努力去保护儿童自然的成长过程。华德福幼儿园的教学目标不是训练孩子适应一年级，而是帮助他们为生活做好准备。在这里，老师帮助孩子发展优秀的品质，当孩子进入20岁、30岁、40岁……甚至他们整个人生都会受益于这些优秀的品质。我们尊重不同的孩子的不同特质和独特的价值，同时，希望孩子成长为拥有健康的身体，敏锐的感觉，清晰、创造性的思考，坚强的意志和持之以恒精神的成人。

斯坦纳谈到，7岁以前的儿童具有非凡的模仿能力。年幼的孩子就像一块海棉，吸收着来自周围环境中的一切，甚至他们的身体器官都在吸纳着周围环境所带来的一切影响。他形容幼儿"无意识地参与世界"。幼儿不像成人，能够有选择地参与，或对周围的影响选择性地接受，在孩子周围的成人的想法和感受，其实都能被孩子感应到。孩子在这种极度敞开的状态下，全盘接受和模仿周围提供的一切。因此，成人的工作就是提供给幼儿一个健康的、益于模仿的环境，包括身体的姿态、声音、行为、思考和感受等。

在华德福幼儿园，老师格外注重孩子通过感官来感受和体验，所以努力使教室拥有一个美的环境——温暖的色调，整洁的空间，东西摆放得井井有条，选择来自大自然的玩具。同时，老师们深知声音能够进入儿童深度的内在，所以他们会努力让自己发音清晰，姿态和谐。

在华德福幼儿园，老师还会尊重自然界的美好、多样性和滋养人的特质：如泥土的质感，植物生长的形态；还有四季的信息，干枯卷缩的秋叶或是潮湿的泥潭。孩子应尽可能地体验这个世界最真实的状态。应该让孩子参与更多户外体验活动，比如，用手筛泥土，在落叶堆上玩耍，收集树叶，观察一只蜘蛛爬过树根，注视一片雪花落在手套上，在松软的泥坑里嬉戏……成人不要去引导或解释，因为这样孩子的注意力就会转移到语言和思考中，模仿成人的观点。给予儿童空间，让他们自己去看，去感受，尽力让他们自然而然地产生好奇。

在华德福幼儿园，老师将变幻的四季带进教室里，教学活动、故事、木偶剧、歌曲和颂词里都体现着大自然里发生的变化。比如，在初秋，老师会收集苹果，然后做出一大堆苹果酱；或者碾磨麦子、玉米等，然后把它们揉成面团。大地母亲怀抱着种子，土地精灵会准备肥沃的泥土，冬之王召唤着纷飞的雪花，砍柴人在雪地里一深一浅地走过。春天来了，沉睡的花苞被阳光仙子唤醒，这些就是孩子需要的生活图景。

儿童通过一系列重复的活动和适合的韵律来学习，形成这个年龄段记忆力的基础。幼儿园老师昨天做过的事，今天还会照样做。幼儿园一天的生活由自由玩耍活动、劳动或艺术活动开始，然后老师和孩子一起清理，开始晨圈。孩子洗手，唱颂词，吃点心，穿上户外鞋到户外玩耍，然后回到室内，穿上室内鞋，休息，听故事，道别等所有的活动都在韵律中进行。孩子们在有韵律的活动中自然而然地知道下面要做的是什么。跟随这些韵律，孩子的秩序感就建立起来了。孩子在这种有序的生活中，内心会感到安宁。

这种安全、温暖的环境营造是华德福幼儿园的教学中最重要的任务，其次才是孩子们的自由玩耍。孩子们可以自由自在地拿起各种材料，搭建想象中的环境。这些材料都是未经雕琢的天然材料，包括：一篮子不同颜色的棉布，木块，弯曲的木板，小凳子，桌子，松果，玉米芯，贝壳，石头，简单的布娃娃和动物等。孩子们把这些材料搬来摆去，组合或者分开，建造他们想要的世界。他们还会彼此合作，搭建"桥梁"、"商店"、"屋子"或制造"火车"，他们的社交能力也由此渐渐培养起来。孩子们体验着"我在这个环境中决定做什么，然后我就做到"，由此建立对自我的感觉，并塑造坚定的意志。

孩子们还会彼此学习，互相启发。孩子们可以自由玩耍，老师有自己的工作：做针线活，切蔬菜，揉面团，磨谷粒等，这些工作都是真实的，充满艺术和美，孩子们可以随时参与进来或模仿老师。老师的手虽然在忙，但眼睛随时都在留意着教室里发生的一切，警惕着可能发生的危险，化解正在酝酿的冲突，或适时而巧妙地给予孩子鼓励，同样允许孩子"停下来注视"，这也是一个非常有意义的活动。

在自由玩耍中，孩子会想象各种情景，这也是他们锻炼内在构图能力的方式。一块弯曲的木块变成了一个电话筒，松果变成了婴儿的牛奶瓶，等等。斯坦纳谈到造型简单的娃娃的重要性时说："你甚至可以用一张餐巾来为孩子做个娃娃，然后用几滴墨水添上眼睛、鼻子和嘴巴。如果孩子面前是一张折起的餐巾，他就会运用自己的想象力来把他变成一个活生生的人的形象。想象力的运用帮助大脑发育。大脑就像双手的肌肉一样，当它们需要做适当的工作时，才会伸展开。如果给孩子的是现成的、精致漂亮的玩具，大脑就无事可做了，变得越来越钝化。"

充满想象力的游戏随着孩子的年龄而不同。两岁的孩子处于梦幻状态，会对周围环境的一切完全吸收。孩子会拿起一把勺子，动一动，再扔到地上，充满惊奇地聆听声音，感受它的重量和质地。三岁的孩子会赋予物体特质，比如将一根木棍变成一只小狗或小轿车。四岁的孩子已经开始了一些社交能力的发展，他们与其他孩子合作来创造环境：有宝宝床的小屋子，有卷发夹和理发师椅子的理发店等。五岁的孩子开始进行相对复杂的活动了，他们会用教室里的物品或材料展现自己内在的画面。到了六岁的时候，孩子已经不需要借助外在的物体来保持内在的图景了。在此之后，孩子就具备了进入小学学习的条件了。

　　由于创造性地玩耍在人生前七年中至关重要，华德福教育在一年级的教学中没有引入过多正式的教学活动。在自由玩耍中，每个孩子都以自己独特的、充满创造性的方式来摆弄、组合着天然的玩具。观察每个孩子解决问题的过程实在令人着迷。斯坦纳专门提到，儿童未来的思考能力，确切地说，作为成人的生活方式都可以从儿童七岁以前的自由玩耍中预示出来。

　　1920年，斯坦纳在一次演讲中讲道："孩子从出生到七岁这个过程中，玩耍中所展现出的个性特质会在他20岁后作独立判断时再次呈现出来。我们现在对孩子所做的事会在他20岁以后依然起着塑造这个人的作用。从这点可以看到，如果要建立一种真正的教育艺术，就必须对完整的生命历程有一个全面的理解，而不是仅仅着眼于童年的阶段。"

十问十答：华德福教育是什么，不是什么

初次了解华德福教育的朋友，常常问："华德福教育这么理想化，那些学生能跟主流接轨吗？能考上中国的大学吗？能在社会上生存吗？……"这类问题。其实，如果进一步了解到华德福教育的课程设置和教学内容覆盖面，以及看到学生的表现，一般都会消除这类疑惑。缺乏了解而有疑问是可以理解的，但对于华德福教育的错误理解需要解释一下。

1.我小时候在农村的生活就已经非常华德福了。

这样的观点之所以被提出来是由于华德福教育提倡自然和天然的环境。但是，我们小时候在农村生活的"自然和天然"基本上只是外在环境而已，而外在的东西并不能说明其本质。西方国家比较早创办的华德福学校几乎都是在城市里，如伦敦、纽约、爱丁堡等地的华德福学校，它们虽然没有自然和天然的环境，但是也可以办成很好的华德福学校。自然和自由是华德福学校必要的条件，但不是说只要有自然和自由的条件，就是华德福教育。很多生活在农村的孩子经历的自由是没有边界的自由，而华德福教育的自由是有边界的自由。

2.把教室布置成华德福教室，课程按华德福的设置，这样就可以创办一个华德福班。

这种做法在全球的华德福教育发展历史上还没见过。华德福教育不是需要形式上的华德福元素，而是需要本质的因素。如果某一所学校夯实了华德福教育的本质，形式上缺乏一些华德福元素，也可以被认为

是华德福学校。

用世界华德福幼儿园联盟主席苏珊·赫沃德（Susan Howard）的话说：华德福教育的本质因素实际上是教育者本身，她塑造和影响着孩子的环境——不仅通过各种布置、活动以及一天的节奏来影响孩子，最重要的是教师个人的特质以及她与外界的关系，包括她与孩子、幼儿园里的其他成人、家长和幼儿园的日常生活，以及与自然界的各种生命活动之间的联系。这些特质，包括外在和内在的态度和表现，渗透在孩子的早期教育中并深刻地影响着孩子，而孩子们正是通过模仿来吸收这一切的。这些童年的经历会在孩子成长的后期通过其身体素质、行为倾向以及对待生活中的机遇和挑战的态度表现出来。如果说仅仅把教室布置成华德福教室的样子，课程按华德福的设置，就能达到这种效果，那么，华德福教育也太容易实现了。

3.华德福教育不提倡看电视，而是建议远离现代文明，回到原始状态。

华德福学校于1919年开始创办，那时没有电视。但是，有了电视之后，不仅仅是华德福学校不建议孩子看电视，很多主流教育中的老师也通过不少研究和观察得到相同的结论。再说，华德福教育只是建议9岁以下孩子远离电视和电子媒体，并不是要求他们一辈子不看电视。华德福教育比较强调教育中人的因素，认为电子化的工具教学不能给孩子直接的体验；但是到了初中和高中以后，孩子们要充分利用和掌握电子化的学习工具。

我的理解是，孩子在小的时候没有必要接受太多信息，太多信息未必见闻广，见闻广并不代表知识丰富。孩子需要充分体验学习到的知识，从体验中学习才能丰富孩子的内心世界，这样的知识才是来自于他们真实的体验。

4.华德福学校的学生不适应考试，不能适应现代社会生活。

首先，任何学校都有不适应考试的学生，也有不适应快节奏、重结果的现代生活的孩子。如果一个孩子在公立学校的考试中常常失败，他去华德福学校可能会比较适应；同时，从华德福学校毕业的孩子，也可能不适应考试，这些都是正常的。

华德福教育和现行的主流教育在教学任务上各有侧重，从"立人"的角度来看，华德福教育培养的是"幸福的人"，现行的教育体制则倾向培养"有知识的人"。

越来越多的人意识到，如果要真正成为一个能与周围的人和环境和谐相处的"社会人"，除了必备的、关于某些领域的"知识性"常识外，还需要一个健康、平衡的身心灵综合体，需要良好的沟通和理解的能力，独立解决问题和创新探究的能力，良好的反应和适应能力，还有面对自己内心世界的能力等。而这些能力，并不一定能通过在校的常规性学习获得。因此我们不难理解，在中国，一些成绩不好、平日调皮捣蛋的学生为何在步入社会后，反而比以前学校里那些优秀的学生更出色。

华德福教育是为了帮助学生成为全面发展的"人"，让学生拥有感受幸福与快乐的能力，开启他们探索心灵自由的大门。从以往的案例来看，从华德福学校毕业的学生具有良好的想象力、适应性、反应力和实践力，语言表达和与人沟通的能力都非常出色，即使后来他们中的一些人去到非华德福的普通学校，对于不熟悉的应试内容也能够很快跟上甚至拔尖。

因此请允许我反问一句："为什么一定要华德福学校来保证从这里走出来的孩子能适应考试，能适应现代社会生活呢？" 华德福教育把当下的生活给到孩子，未来自会为他们展开，华德福学校的毕业生自有其与众不同的长处来迎接未来的挑战。我们希望孩子去改变这个社会，而不是去适应这个社会。

5.华德福学生偏向文学和艺术类。

根据北美华德福教育联盟的调查，华德福学校的毕业生选择大学的时候，42%选理工科，47%选文科（包括艺术科）。华德福教育崇尚灵性与人文精神是事实，但也没有忽视理性与科学精神。

华德福教育突出艺术化的教学，这样的教学方式使得学生不容易感到无聊，从而能保持他们求知的欲望。老师会在孩子不同的年龄阶段，应用不同的艺术化教学手段。

华德福学校的毕业生一般能保持终身学习的动力和能力，以积极的态度面对生活，这与其早期艺术和艺术化的教育有直接联系。

华德福教育在课程设置上，注意到艺术、人文、科学、体育等课程的平衡发展，很多人对华德福学生偏向文学和艺术类的印象来自其科学课程和其他课程的教学往往都是通过艺术化的方式进行的，而且学校开放日和教学成果展示的时候，艺术类的成果往往容易被展示出来，因而被看到的比较多。

6.华德福教育不挑选孩子，而是挑选家长。

很多认同华德福教育的人，未必认同从事华德福教育的人以及教他的孩子的老师，这是一个关于信任的问题。华德福教育必须建立在家长和老师之间的信任关系上，如果家长对老师和学校一开始就不信任，那么学校和家长之间就没有了信任的基础。入学之后，家长一旦听到或看到某些现象印证了最初的怀疑，发生的问题就得不到解决。

华德福学校也会接收非常具有挑战性的孩子。面对这样的孩子，更加需要家长的信任和合作。其实，有些孩子的挑战一直到毕业也没停止过，如果学校和家长未能建立起信任关系，家长可能很快就决定让孩子退学了。从某种意义上说，合作就是希望互惠互利，取长补短或双赢。

华德福教育提倡的是为了孩子的成长而家校合作，分享共同的价值观。学校和家长未能建立起信任关系的关键因素就是未能分享共同的价值观。学校有责任和义务在价值取向这一方面，与家长充分地沟通，而不是为了吸引家长把孩子送来，去迎合家长的口味。

7.华德福学校的老师吃素、耕田，回到农耕时代。他们是一群追求精神生活，不顾物质生活的理想主义者。

华德福教育建立在人智学的基础上，目标是保护每一个独立的灵魂，让他们健康成长，具备健康的身体和健康的心灵。因此，很多华德福学校的老师和家长都比较认真地对待食物问题。很多华德福学校的老师在没有接触华德福教育之前就已经吃素了，现代流行的观点之一是吃素比较健康，而且现代农业工业化生产，添加剂、农药和化肥使用泛滥，加上环境污染比较严重，素食比肉类更安全。

另外，华德福教育把自然活力农业作为教育的基础，不是要回到原始的农耕时代生活，而是用传统的农业耕作，生产出健康和安全的食品。健康的身体和健康的心灵是相互影响的。精神不健康，会引起身体不健康；同样，一个身体不健康的人，不太可能有健康的精神状态。

在华德福学校中，教育给予师生健康的精神状态，自然活力农业给予他们健康的身体。

至于有人说华德福的老师是一群追求精神生活，不顾物质生活的理想主义者。我想应该这样来看，华德福教育确实是理想化的教育，从事华德福教育的老师的确是在实践自己的理想。而现代社会中，却有很多人把自己的理想冰封起来，想着等钱赚够了或退休之后再去实现曾经的理想。这两者不同的是，前者是可以实现的理想，后者的理想往往难以实现。我们通常把追求那些听起来比较渺茫的、不切实际的理想而没有在现实中着地的人，定义为理想主义者。从事华德福教育的老师实践着理想化的教育，走在实现自己理想的路上，应该归为现实主义者。华德福学校的老师看起来生活简单，但不等于对物质生活没有追求。只能说，相比较而言，华德福学校的老师更加注重精神生活的充实和丰盈，而对物质生活的要求没有那么高。

8.华德福学校的孩子很自由，什么都让孩子自己决定。

华德福教育是让孩子理解和接受了规则和边界之后才有自由，给孩子不加边界的自由是对孩子的不负责任。因为孩子需要被引导，需要知道边界在哪里，调皮的孩子实际是在试探他的边界在哪里。华德福学校的老师是在尊重孩子的基础上引导他们，如果孩子尊重老师，就会听从老师的权威，主动提出让老师引导。随着孩子年龄的变化，他们看待老师的方式也在变化，也许会挑战老师的权威，确保老师能跟他们平等对话之后，才自愿去向老师请教，到了高中阶段的很多孩子就是这样的。

很多家长受到"蹲下来跟孩子对话"的影响，缺乏对孩子的正确引导，不给孩子设边界，结果是孩子控制了大人。这样的孩子到成人之后，往往缺乏独立思考和判断的能力，或过于自负。美国普通家庭的教育误区就是让孩子过早像大人那样有主见，很多人到了30岁还读不完大学，40岁了也没有决定是否结婚，50岁的时候决定要个孩子，可是太迟了，只好收养一个。"蹲下来跟孩子对话"的真实含义要掌握好，我们说的是不把孩子当一张白纸，不欺负孩子不懂，而是要跟孩子一起成长。

9. "大不了就去华德福！"把华德福当作理想的天国或医治百病的良医。

华德福教育在教育多元化的国家里，只是一种可供选择的非主流教育之一。对于很多人来说，这是一种非常理想的教育，但是也有人去追求其他更理想的教育。华德福教育不仅提倡一种健康的教育理念，也提倡一种健康的生活方式和生活态度。如果只选择这种教育，不选择一种健康的生活方式和生活态度（未必是华德福教育提倡的那种），孩子进了华德福学校之后，也许会被家长混淆的价值观弄得不知所措。

因此，选择一种健康的生活方式和生活态度比选择华德福教育重要得多。

如果你的身边也有人办华德福学校，检验其是不是华德福教育的最好方法就是——办学的人和老师能否通过孩子的教育，给家长的生活态度和价值观带来积极的影响，他们是否在分享共同的价值观，然后再去看老师如何对待孩子。所以，成人先了解和确定自己的价值观，再去看华德福教育，这样才知道华德福教育是否适合自己的孩子。

另外，华德福学校关注特殊孩子这一群体的成长，但华德福学校不是"疗养所"。有特殊需求的一部分孩子，要找专业老师或医生来治疗，只有能开展特殊教育的华德福学校才接受有特殊需求的孩子。

10.很多人爱把华德福教育和蒙特梭利教育比较，希望两者结合，并取长补短。

不少人在了解华德福教育或其他教育的同时，可能存在立场混乱的纠结。本来对某一教育理念好像已经有了一个观点， 可是听其他人讨论华德福教育或其他教育后，就开始怀疑自己的观点和立场了。

大家在学习新东西的时候，都会学习自己认为好的地方，当然也是自己能理解并可以操作的部分，这些往往都是比较容易的部分，也就是表面的东西。要真正理解华德福和蒙特梭利教育的核心，相信不花一定的时间去学习和实践是不行的。而因为现实的原因，对于大部分人来说，对华德福和蒙特梭利教育的理解都不会太深入，因此，他们对这两种教育理念中的一些概念的理解可能都不一样。

没有长时间学习、研究并实践华德福教育和蒙特梭利教育，就希望优化、组合两者，估计也只能组合到比较容易操作的地方。 香港一位华德福幼儿园的创办人在英国办了25年的蒙特梭利幼儿园之后，在英国接受华德福教师培训，回到香港办了6年的华德福幼儿园。我问她可否把这两个教育体系作一个彻底的比较，她说："可以做到彻底，可是做不到公正。"

华德福教育在中国的实践

华德福教育在中国发展的方式与在世界其他地方的发展方式类同，绝大多数都是家长办学，也有部分家长本来就是老师，他们一边办学一边接受培训。送孩子来华德福学校的家长们就是华德福教育最忠实的跟随者和实践者，可以说从来没有一种教育模式能将学校和家庭这样紧密地联系起来。

2004年秋天，我们在成都成立了全国第一所华德福学校和幼儿园。到2014年春天的10年里，全国各地已经有30多所小学和300多所幼儿园在实践华德福教育，主要分布在全国各个省会城市。除拉萨、呼和浩特和西宁以外，所有的省会城市和部分其他大小城市，都至少有一家幼儿园或学校。同时，成都、北京、广州、西安和南京都有华德福教师培训中心。当然，大部分华德福学校或幼儿园的规模都比较小，甚至部分学校是以亲子中心、托管中心或培训学校等形式存在的。

华德福学校不加盟、不连锁，也不开分校，每一所学校或幼儿园都是独立运作和独立财务，但这些幼儿园和学校的老师常常会在一起学习和研讨。从2011年开始运作的中国华德福教育联盟，目的就是通过同行间的学习和交流，保证华德福教育的质量。的确，华德福学校或幼儿园更容易被高收入、高学历或专业人士接受，其学费也相对较高，一部分低收入家庭希望进这类学校或幼儿园还是有较大的经济压力。不过，华德福学校和幼儿园一般都有共同的学费减免政策，支持那些非常希望接受华德福教育、但在经济上有困难的学生。

2013年夏天，我和太太张俐，还有我的姐姐一起，用我们在湛江农村老家的房子建了一所华德福幼儿园，接收当地农村的留守儿童，目前每个月只收很少的生活费，老师的工资和日常开支都是由社会热心人士资助。之所以这样做的目的是想要探索在农村地区发展华德福教育的可持续发展模式。当然，目前还是在实验阶段，时机成熟后会开放给其他朋友来学习和交流，支持更多的人在农村开展华德福教育。

华德福教育在中国发展的方式与在世界其他地方的发展方式类同，绝大多数都是家长办学，也有部分家长本来就是老师，他们一边办学一边接受培训。送孩子来华德福学校的家长们就是华德福教育最忠实的跟随者和实践者，可以说从来没有一种教育模式能将学校和家庭这样紧密地联系起来。

在华德福幼儿园里，你可能看到某个中年男人挥汗如雨地钉篱笆，也可能看到一些妈妈给老师当助教或帮幼儿园缝制布娃娃，你还可能在某个生日庆祝会上看见好脾气的爸爸妈妈热情地为孩子们服务。这些华德福家长可能是各式各样的人——工作繁忙的白领、全职妈妈、在家上学的支持者等。他们很自豪地从事这份额外的工作，并为教育自己和他人的子女奔走忙碌着，似乎在华德福学校，一些父母对子女的爱已经升华为一种"幼吾幼以及人之幼"的博爱情怀。

热爱华德福的家长们为了让孩子能接受这样的教育，很多都放弃了原来的职业或事业，搬家到一个有华德福学校的地方，陪孩子上学，被称为现代孟母、孟父。也有很多家长非常乐意在华德福学校当一名普通的、全职的志愿者。究竟是怎样的魔力，使这么多家长心甘情愿地对华德福教育投入如此多的精力和时间而乐此不疲呢？

华德福教育能使孩子在轻松快乐的氛围里长大，能帮助孩子学习自己搭筑美好未来，是一群热爱孩子的成人心中最理想的教育模式之一。家长与学校一起，参与教育孩子的整个过程，这就是最有效的教育。这些家长和老师一起，把真、善、美的光芒带向每一个孩子心里，也带向他们自己的心里。在实践华德福教育的过程中，家长、教师、社区都找到了适合各自的路。在华德福学校里，老师、家长与孩子共同成长着，很多家长最终也成为了老师，所以会有如此多的家长义无反顾地放弃了自己的原职，投入到"为孩子未来造福"的事业中来。

十余年来，越来越多的人开始在中国实践华德福教育，也有人质疑这一教育理念是否能在中国实现。对这个问题，我在实践中同步思考了很久。我个人认为，华德福教育能否在中国实现要取决以下因素：

社会价值观多元化

华德福教育只是多元教育中的一种，在中国实现华德福教育的必要条件是实现教育理念的多元化，而不仅仅是教学方法和办学模式的多元化。

联合国教科文组织衡量一个国家的文明程度的标准是，要看该国家的社会价值观是否多元化，国民教育是否多元化。多元化社会的象征就是多元化的生活理念和价值观同时存在，这样的社会才能满足不同个体的精神需求，也是构成丰富多彩的社会文化的前提。因此，多元化的教育环境不能完全依赖政府倡导的主流教育，而是需要借助民间团体去推动和持不同教育理念的民间教育形成。民间团体作为多元价值观、人生信仰和生活理念的摇篮，催生着教育理念的多元化。华德福教育的创始人鲁道夫·斯坦纳也不希望政府把华德福教育当成唯一的或最好的教育理念和方法来全面推广，因为个性化的华德福教育并非适合每一个人的成长模式，一些孩子也许会在另一种教育中找到自我。

今天，我们必须重新认识社团、学校和家庭生活之间的关系，并考虑如何有机地结合对孩子的教育才是健康的。因为，各种社会团体、学校和家庭生活都是实现教育理念多元化不可缺少的因素，社会团体的发展不但关系到社会价值观的取向和社会文明的进程，也影响到作为社区文化中心的华德福学校的发展。

认同教育理念

华德福教育提倡的教育理念是为人的精神生活、个体发展和社会文明发展服务，华德福学校已经成为推动社会文明发展的一股力量，不同的个体在学校里养成自我，个人的价值观得到体现，人的智慧得以发挥。华德福教育作为独立教育体系，不是通过统考、比赛、评选、升学率和国家定级等来验证，而是经过了一百多年的实践和发展，得到了社会各界的认可，并赢得了荣誉。

改变教育观念

教育的一个重要目标是培养学生的人文价值观，而人文价值观从来就无法作为商品而进入市场进行估价。目前世界上还没出现过一所商业性质的华德福学校，尽管在美国，华德福学校的学费昂贵，但它们也是非盈利机构，这些学校也要靠社会的捐赠才能维持运作。实践华德福教育首先要抛弃教育产业化和教育经济学的论调，回到教育的基本理念，教育人求真、求实、立信和立德，再去学习谋生。

改变社会价值观

在华德福教育发达的国家里，认同华德福教育理念的人，会深刻地改变自己的价值观和生活方式。他们更注重精神生活和人文关怀，尊重和崇尚自然，愿意选择一种"另类"的生活方式。比如，为了给孩子一个稳定、安全、健康的生活环境，他们愿意调整生活节奏，甚至更换职业。为了避免电视和电子媒体对孩子的健康和价值观的不良影响，不仅仅限制孩子看电视和玩电子游戏，自己也放弃了依赖多年的电视，而用更多的时间给孩子读故事，与孩子沟通。

现代社会和城市化生活决定了现有的社会价值观和生活方式，而城市化生活的社会价值观和生活方式在中国有代表意义，尽管目前中国还有很大一部分的人生活在农村，但是他们大多乐意接纳城市化生活的社会价值观和生活方式，他们更希望像在城市里生活的人那样拥有丰富的物质财富，同时也在无意识地接受快节奏或没节奏的生活方式。

任何教育理念和实践只有深入家庭、学校和社会生活中，才能让人们积极改变自己的价值观和生活方式，该教育理念和实践才能体现出教育的真正意义，华德福教育就是能达到这种目标，才获得那么多的人的认可。事实就是这样，孩子进入华德福学校得益于华德福教育的同时，家长的价值观和生活也因此发生了很大的改变。

倾注你想象的力量

拥有追求真理的勇气

敏锐你对灵魂的责任感

——鲁道夫·斯坦纳

第一部分

华德福教育的全貌

华德福的起源

华德福学校从建立的第一天起，就成为了德国第一所把穷人的孩子和富人的孩子放在一起接受教育的学校，同时也是第一所实行男女同校的学校。这在1919年的德国，具有非常超前和文明的意义。

德国斯图加特（Stuggart）是华德福教育的发源地。一位名叫依米尔默特（Emil Molt）的企业家在斯图加特购买了一间坐落在半山腰的餐馆，邀请斯坦纳根据人智学的理念，为他经营和管理香烟厂的工人子弟办一所学校，并用工厂的名字为这所学校命名——Waldorf Schule。Wal在德语里是鲸鱼的意思，而dorff是村庄的意思，变成英语单词后删去一个f成为Waldorf，Waldorf 直到现在还有"高质量的标准"的含义。

关于Waldorf 有一个非常动人的故事。

在一个风雨交加的夜晚，一对穿着考究的夫妇在美国费城找旅馆，快到午夜还是没找到，他们最后来到一间小旅馆。在这寒冷的夜晚，旅馆的伙计实在不想告诉这对疲惫不堪的夫妇所有的房间已经住满客人了。这位伙计非常谦卑地告诉客人，如果他们不嫌弃，可以住在他的房间。这对风尘仆仆的夫妇哪里顾得上嫌弃，感谢都来不及了。第二天早上，这对夫妇离开的时候对伙计说："你将是世界上最好的宾馆经理。"

伙计只当成恭维话，问道："哪家宾馆会是世界上最好的宾馆？你先找到这个宾馆再说吧！"客人回答："还没建，但我会给你建的。"

两年之后，伙计收到了一个名叫威廉·阿斯托（William Astor）的人发来的聘书，陈述了这个伙计早已忘得一干二净的故事，就是发生在两年前那个风雨交加的夜晚的故事。伙计看到新建在纽约曼哈顿岛上的、当时美国最豪华的宾馆希望他前去任经理一职，兴奋得来不及收拾行李便动身前往纽约见威廉·阿斯托先生。在这家当时美国最豪华的瓦多夫·阿斯托（Waldorf Astor）宾馆里，威廉·阿斯托对伙计提出了唯一的要求，就是永远不让客人失望。那位伙计成为了（华德福）瓦多夫·阿斯托宾馆的第一任经理，兢兢业业地工作了14年直到退休。

在阿斯托（Astor）家族的传统中，Waldorf商标下的产品和服务质量都必须是一流的，他们也是人性和精神文化的倡导者。哪怕是阿斯托家族把位于德国斯图加特的香烟厂转给企业家依米尔·默特（Emil Molt）之后，依米尔·默特也继承着这一传统。因此，依米尔邀请了鲁道夫·斯坦纳给他的员工开授人智学的讲座，并按照听课时间给工人发工资。

斯坦纳给烟厂工人的讲座，不仅成了人智学中比较出名的讲座，也是第一所华德福学校产生的前奏。华德福学校从建立的第一天起，就成为了德国第一所把穷人的孩子和富人的孩子放在一起接受教育的学校，同时也是第一所实行男女同校的学校。这在1919年的德国，具有非常超前和文明的意义。

华德福教育的发展史

华德福教育经历了一百多年的发展，到2012年为止，全球60个国家建立了1025所独立的华德福学校，2000多所幼儿园、530所特殊教育中心。世界各国都有华德福教师培训学院和很多基于华德福教育理念的公立学校、特许学校和在家教育。华德福教育已经是一种被广泛接受的另类教育，在不同国家和地区不同程度地影响着主流教育。

　　第一次世界大战结束，德国的社会形势动荡不安，关于德国、欧洲乃至整个世界何去何从，众说纷纭。社会学家、哲学家、政治家等社会精英和平民百姓都迫切想找到解决社会、经济及政治上各种难题的答案。当时，随着自然科学研究的发展，物质主义弥漫了整个欧洲社会，开始有人怀疑传统的思考及教育方式是否能解决当时文化所产生的困扰与社会的嬗变。斯坦纳认为突破困境的关键在教育，教育是社会变革的力量。传统的教育方式无法解决当时的文化困境及社会嬗变，必须有一套能照顾孩子身、心、灵整体发展的教育方式，来扩展每个人的内在潜能及生命视野，才能为现有的社会不断地注入新力量。

　　斯坦纳希望通过华德福教育长远地解决现实的生活中问题，通过教育发展人性积极的一面，对自我发展和社会生活负责，以达到从根本上治疗社会问题。华德福教育很快就在欧洲发展起来，成为了全球性的教育改革运动，目前也是全球最大的另类教育运动。华德福教育经历了一百多年的发展，到2012年为止，全球60个国家建立了1025所独立的华德福学校、2000多所幼儿园、530所特殊教育中心。世界各国都有华德福教师培训学院和很多基于华德福教育理念的公立学校、特许学校和在家教育。华德福教育已经是一种被广泛接受的另类教育，在不同国家和地区不同程度地影响着主流教育。

自从第一所华德福学校于1919年在德国创立之后，很快就传到了欧洲其他地方，先后在荷兰的海牙、瑞士的巴塞尔等地开办学校。1922年，斯坦纳在英国牛津大学作了一场关于教育的演讲后，华德福教育开始在英国传播。英国第一所华德福学校建立于1925年，现在叫做迈克尔·霍尔（Michael Hall）学校。20世纪30年代开始，大量受到华德福教育启发或者是参照华德福教育理念的学校，在德国其他地方以及瑞士、新西兰、挪威、奥地利、匈牙利、美国等地相继建立起来。

1935年，纳粹政府关闭了德国的华德福学校，直到第二次世界大战结束后才重新打开学校大门。虽然在二战期间，因与纳粹政治冲突，欧洲大量的华德福学校被迫关闭，但是英国的学校和荷兰少数的学校没有受到影响，被关闭的学校也在二战后重开。20世纪七八十年代，华德福学校开始在世界各地快速发展，仅仅在北美，华德福学校的数量从1967年的9所发展到今天的200多所。苏联解体后，华德福学校开始在中东欧不断发展。进入21世纪，许多华德福学校在亚洲也建立起来。

第一次世界大战期间，斯坦纳在瑞士巴塞尔（Basel）附近的多纳赫（Dornach）建立起人智学学会的总部，华德福教育的中心从德国转移到了瑞士。从那时开始，瑞士的多纳赫就成为人智学相关领域和华德福教育的学习、研讨、交流和全球会议的中心。同时，世界各地的朋友为了学习鲁道夫·斯坦纳的人智学理论和实践华德福教育，也成立了人智学协会，北美洲、南美洲、欧洲、非洲和亚洲太平洋地区都成立了区域性联盟。这些区域性联盟有些设有总部，有些不设总部，只有一个统筹委员会，负责筹备每年一次或两次的联合研讨会的事务性工作。委员和代表们分散在不同的国家，从事着不同的职业，会员不限于华德福学校的老师，还有政府官员、公立或私立学校的教师、商人、医生、农夫和艺术家等来自各行各业的人士。

目前，在许多国家里都设立了独立的人智学协会和华德福教育联盟，这些协会和瑞士多纳赫的世界总部没有隶属关系，也没有行政和财务关系，而是一种互相帮助和互相支持的关系。任何人都可以加入任何一个总会或分会，任何人无须查证是否是会员，都可以参加任何一个分会的活动。会员只需认同人智学的理念和每年交一定的会费作为订购刊物的费用或活动经费，对协会无任何责任要履行和条款要遵守，可以是终身的也可以是短暂的，来去自由。

创始人鲁道夫·斯坦纳

研究人智学的目的是培养一个完全开放的胸襟，既不盲从也不随意拒绝，当人的内心有所需求，这种知识和智慧就会涌现，并可以依内心世界的需求来调节，直至获得精神世界共鸣。

鲁道夫·斯坦纳（1861—1925），出生于奥地利的一个普通家庭。他自称在16岁那年已经读了康德的《纯粹理性批判》。大学期间，斯坦纳潜心研究科学和歌德的科学著作，并深受歌德的认知理论的影响。21岁时，斯坦纳在研究歌德的科学方面取得杰出的成绩，编辑了一本名为《歌德科学》的著作。1888年，由于出版了歌德作品的原因，斯坦纳被邀请在刚成立的档案馆工作，编辑歌德与席勒的著作。最终，斯坦纳写了两本关于歌德的哲学书《隐含在歌德的世界观里的知识理论》和《歌德的世界观》。他还跟其他人合作完成了哲学家叔本华和作家让·保罗的作品整理。在档案馆工作期间，斯坦纳写了被认为是他最重要的哲学著作《自由的哲学》（1894年），探索人类的认知领域，寻求人类通往精神自由的途径。

1912年，斯坦纳创立了人智学协会（Anthroposophical Society），他的目的是把精神研究从情绪化的煽情主义的约束中解脱出来。他坚信每一个人只要愿意敞开自己和进行灵修，都具有对精神世界的领悟能力。他把人类古老的智慧放在最重要的位置，认为时代已经要求人们对自己的心灵负责任，神秘学者必须让人们自由地学习精神科学，像追求其他科学一样追求真理和关心人道。人智学创立之后，很快就在全世界迅速传开并成立人智学协会，追随人智学的专业人士根据斯坦纳对教育、医学、农业、管理、美术、表演等领域的论述构建起完整的理论体系，成为很有特色的专业流派。

在第一次世界大战期间，斯坦纳在瑞士的巴塞尔（Basel）附近的多纳赫（Dornach）建立了人智学学会的总部，由他自己设计、主持并亲手雕刻，建造了一座庞大的全木建筑，命名为歌德馆（Goetheanum）。这座花了整整十年才完工的建筑物，融合了有机建筑的设计、雕刻、绘画和彩色玻璃等艺术，可惜在1922年被人纵火，化为平地。之后，斯坦纳又重新设计了一座更大的混凝土结构的歌德纪念馆，这座纪念馆直到斯坦纳去世后的1928年才建好，现在这里是全世界人智学的活动中心以及精神科学的自由大学。

斯坦纳深入研究人类意识的发展，他认为历史是人类意识发展的结果，而不是阶级斗争的结果。在他的著作《精神科学的轮廓》（*Outline of Accult Science*）中，斯坦纳根据人类的意识发展来划分人类历史的发展阶段，意识发展的阶段被称为文化纪元，大约2900年为一个文化纪元。大约从1413年开始，人类的意识已经发展到了"第五个文化纪元"（The Fifth Epoch）。人类进入第五个纪元的意识，称为"意识灵性"（Consciousness Soul），人的个体意识已经觉醒，每一个人都可以独立地发展自己的精神生活，并有能力通过自己的修炼而达到最高的精神境界。因此，人的精神自由和独立，成为精神发展的首要条件。这种意义的自由和独立是超越个人情感、血缘、地缘、政治、文化与宗教信仰的影响和限制的，精神自由和独立必须通过适当的教育和自我改造来达成。

华德福教育的理念

华德福教育的目标是让孩子成长为自己，最终才能达到具有超越物质、欲望和情感的，具有洞察与判断力，结合与生俱来的智慧和本质达成自我。

教学理念

华德福教育的基本理念是以斯坦纳的人智学为基础，遵从斯坦纳对人和世界的本质的描述，人与自我的关系、人与人的关系、人与世界的关系以及与精神世界的关系等观点，寻找适合孩子意识发展的教学方法。

斯坦纳是这样描述的：人的意识阶段性发展与人类的意识发展以及人类文明的发展相呼应，应配合人的意识阶段性发展规律，满足深层处的心灵需求来设置教学内容，让人的身体、生命体、灵魂体和精神体都得到迎合和整体的发展。

其中，阶段性的发展如下：

7岁前，孩子以意志为主导，通过模仿来学习成长，以滋养生命力来建构身体为主要工作；

7~14岁，孩子以情感为主导，通过权威的引领来学习成长，以建构和学习与事物和他人的积极关系为主要工作；

14~21岁，学生以思考为主导，通过探索和研究为学习成长的手段，以发展道德责任感和创造性思维为主要工作。

教学目标

华德福教育的目标是让孩子成长为自己，最终才能达到具有超越物质、欲望和情感的，具有洞察与判断力，结合与生俱来的智慧和本质达成自我。斯坦纳认为，每个人最终应该拥有独立的思想和自由的精神，能找到自我的定位和人生方向；享受超越个人情感、血缘、地缘、政治、文化与宗教信仰的影响和限制的心灵的自由。

教学过程

首先，华德福教育是一门艺术，教育的过程是一个艺术化的过程。艺术化的教育比纯艺术教育的范围更广泛，而不仅仅是绘画、雕刻、手工艺、话剧、讲故事、韵律舞、音乐舞蹈和体育等纯艺术教育形式。

在华德福教育中，所有学科的教学都是以艺术的形式导入，甚至包括数学和科学这种看上去很理性的课程，也经由舞蹈、绘画和运动等艺术化的形式进行。

艺术化的教育形式使得非艺术课程也能让学生内心产生原始的冲动，让学生把学习和追求当作有趣的创造，在老师的帮助下去发现、感受、思考和创造。

其次，教育也是一门科学，科学必须从个人对科学的体验开始。华德福教育的科学教育是从学生观察现象和亲身体验开始，探究其中的原因，总结自己的体验和经验。科学同时也是美好的体验，从科学中找到美；也可以通过艺术化来体现科学，科学和艺术相结合。

华德福教育是最具备生活性和实践性的教育过程。学生从学会日常生活的基本技能开始，从农业文明、工业文明到现代信息技术的学习都强调让学生自己亲身去实践。在华德福学校，生活技能，还有农业、手工和工艺课等课程，从幼儿园开始，一直开设到高中毕业。

教学内容

在孩子的学龄前阶段，也就是"第一个七年"成长阶段，"善"是教育的核心内容。从幼儿园环境的设计和教室布置，到教学用品和学生用品都非常讲究，尽量做到自然、天然、和谐与温馨，给予孩子温暖、安全和爱的感觉。通过善的教育保证生命力充分用于构造身体和身心健康。保护孩子的想象力和好奇心也是幼儿园阶段的教育核心内容。在这一阶段，通过给孩子讲童话故事，让他们想象美好的、善良的事物。模仿是孩子学习的手段和方式，教师、成人和家长要给孩子树立一个好的榜样，让孩子来模仿。

7~14岁，即人生的"第二个七年"成长阶段，"美"是教育的核心内容。华德福小学除了开设与其他小学课程一样的教学内容之外，还设置了大量的美术、音乐、表演艺术、话剧、手工、园艺和农艺等艺术课程。所有课程都让孩子通过感受来进行学习，要求教学内容给孩子带来美好的感受。华德福学校中有许多特色课程，包括线画、音语舞、游戏、弦乐器、空间体育等，学生们每天都有机会动手创造，他们在老师的指导下编写资料，配上图表、数据和标本等，然后装订成有个人特色的课本。

孩子到了青少年时期之后，进入了"第三个七年"的成长阶段，

"真"是这一阶段教育的核心。针对学生求真、求实的天性，华德福学校在高中阶段开设了大量的自然科学课，如数学、物理、化学、生物、农艺、星象学、气象学、投影几何、科学史，以及其他的人文课程，如文学、宗教学、社会学、艺术史等。

课程设置

华德福学校的课程设置以孩子发展的内在需求为依据。在孩子早期教育中，通过各种生活化的基本活动，开展手、心、脑整体参与的学习，也通过各种适合孩子的艺术活动进行学习，没有设置学术性和知识性的学习内容。幼儿园的课程设置围绕着日常家庭生活和各个重要的节日进行，把故事、唱歌和艺术活动融入每天有节奏的生活就成了华德福幼儿园的课程。

在小学（一至八年级），采用板块形式或主题课形式教学，一个主题课持续3~4周，主题课设置线索根据孩子的意识发展来进行设置，可以是语文、数学、地理、历史和其他科学。在小学阶段一般是由同一位老师教全部的主题课。主题课老师采用带班制，同一名主题课老师带领一个班从一年级到小学毕业（华德福学校学生到八年级毕业），每个班级的学生都有一个与自己共处的主题课老师，也就是班主任。高中阶段每个班级也有一位辅导老师，负责该班的课程安排和与学生沟通，负责学生的学习和生活问题。但是，该辅导老师不一定教该班级的课程，主题课程需要更专业的老师来教授，高中的课程也有点像大学的课程，甚至像研究生的课程。很多时候，学生可以自由选择学习科目，还可以自由组合学习小组，根据自己的兴趣邀请相关的老师给予辅导。

组织架构

全球的华德福学校几乎都是通过社会捐赠筹资和其他教育基金的注入，家长和老师共同建立起来的。由老师共同管理，学校财产不属于任何一个人。学校采用非盈利机构管理模式，实现以教育为核心、以人为本的管理。华德福学校实现了教师自治，学校的老师组成教师委员会，实现学校的自治管理；教师委员会的代表由教师们选举或轮流担任，所有的行政人员以支持和协助教师为工作核心。同时，由校外的、具有丰富经验的教师和专家指导教师进行教学工作，以保证教学质量。热心家长自发成立家长委员会，负责协调家校关系，监督学校的工作，协助学校的发展。

教学评估

华德福学校不是通过考试、比赛、排名次、检查、评估等方式来做教学评估，其传统的评估方式是每月一次，学生通过汇报展示、展览、演示和演讲、表演、朗诵和演奏会等艺术表演活动展示他们取得的成绩。此外，每个学期结束时，各班都在教室和学校大堂中展示出本学期学生自己制作的手工艺品、美术作品、课本和设计的模型等。对教师的评估也是通过这些展示来进行的。此外，老师每年都会开展自己的教学回顾，教师互相进行评估，也会邀请外校的资深老师来评估，评估的目的是让老师看到自己的不足而进行相应的调整和改进。

全球规模最大、发展最快的独立教育运动

华德福教育既能在富裕的北美和欧洲等地区发展，也能在巴西和南非的贫民窟里发展；既能在基督文化社会中发展，也能在伊斯兰教的埃及和犹太教的以色列发展；既能在佛教的日本和泰国发展，也能在印度教的印度发展。华德福教育成为目前全球规模最大、发展最快的独立教育运动。它是被联合国教科文组织推荐为非宗教、跨文化教育的典范。

华德福学校在世界各地都能受到欢迎的主要原因是其教育理念坚持了人智学对人的共性理解，针对了人的本性发展，尊重了人的自由天性，结合了本土文化和国情，从而实现了华德福教育本土化，并发展了华德福教育的人文精神。

华德福教育主张培养合作意识重于竞争意识，强调教育在发展人的独立自我的同时，也强调个体与周围的人、社会和自然保持和谐，这种教育理念也给创建未来的文明社会提供了一个榜样。华德福教育既能在富裕的北美和欧洲等地区发展，也能在巴西和南非的贫民窟里发展；既能在基督文化社会中发展，也能在伊斯兰教的埃及和犹太教的以色列发展；既能在佛教的日本和泰国发展，也能在印度教的印度发展。华德福教育成为目前全球规模最大、发展最快的独立教育运动。它是被联合国教科文组织推荐为非宗教、跨文化教育的典范。

德国

德国是华德福教育的发源地，也是全世界华德福教育发展最成熟的国家，仅德国就有150多所华德福学校，据德国华德福教育友好协会2012年的统计，全国有5%的学生就读于华德福学校，另外还有很多为特殊儿童设立的华德福学校和治疗中心，德国现在还有以人智学为基础的大学。德国的华德福教育被世界各国从事华德福教育的人看作标杆，重要原因就是世界各国的华德福教育开创者要么是在德国留学回国的学生，要么是德国的华德福老师直接到海外开展教学。

20世纪70年代，一个专门支持德国以外的华德福学校发展的机构——德国华德福教育友好协会成立了。这个协会资助了世界各国的华德福教育的播种人和教师，最终也协助这些老师创办华德福学校。

2014年，德国驻华大使馆参赞贝·明可先生代表德国驻华使馆祝贺北京从事华德福教师培训和人智学课程的春之谷学院成立，并发表了演讲。

瑞士

第一次世界大战期间，中立的瑞士获得很多德国华德福学校老师的支持，这个提倡和平友爱的教育也符合瑞士民众的追求。人智学和华德福教育的中心在那时从德国转移到瑞士。华德福学校在瑞士得到了多年的持续发展，瑞士也是继德国之后华德福教育最发达的国家，现在已经发展得非常成功和成熟，而且华德福教育广泛地影响着瑞士的主流教育。在小国瑞士不仅有30多所华德福学校，在伯恩省有将近100多所公立学校都在实践华德福教育的理论和方法，在政府的教育部门里还有大量的华德福教师担任顾问和一些重要职务。

有一个有趣的故事。2006年，我要去瑞士开会，到北京的瑞士大使馆申请签证，就在启程前接到了大使馆的来信，是大使馆的一等秘书写给我的。他说他的父亲是一位退休的华德福学校教师，通过人智学总部找到了我的邮箱，并告知他就是华德福学校的毕业生，现在在瑞士驻北京大使馆担任一等秘书，有事可以联系他。可以想见，后来我很顺利地拿到了签证。

英国

英国在全球的华德福教育运动中扮演着重要的角色，如把华德福教育的相关书籍的德文版本翻译成英语，并通过英语迅速地传遍了世界。鲁道夫·斯坦纳也于1924年在英国作了一系列的重要演讲，演讲内容被汇集成书并出版，其中一本《童年的王国》(*The Kingdom of Childhood*)成为了所有对华德福教育感兴趣和从事华德福教育的人必读书之一。

英国于1925年建立起第一所华德福学校和华德福教育师资培训学院。由于英国的华德福学校联盟为了学校的自由和独立，不愿意在课程和大纲上与教育部门妥协，所以华德福学校一直得不到政府的资助，纯粹靠社会力量支持办学。尽管这样，一些英国的华德福学校在收费标准上，仍然让家长根据自己的收入水平自愿支付学费或免费入学。

荷兰

荷兰是德国以外第一个创办华德福学校的国家，海牙的华德福学校是全球第二所华德福学校，也许正是这个原因，世界华德福教育联盟和华德福教育欧洲联盟总部都设在荷兰的海牙。这个联盟向欧盟争取到很多支持。

荷兰的华德福教育也积极地影响了公立教育,荷兰有90多所华德福学校,而且荷兰的华德福学校得到政府百分之百的财政支持,几乎成为了公立学校。

北欧

北欧如丹麦、挪威、瑞典和芬兰等国家,私立的华德福学校与普通的公立学校一样,完全得到政府的资助,包括华德福教育师资培训都可以得到政府补贴。

据1994年联合国教科文组织在日内瓦举办的第44届教育展览中关于华德福的资料显示,北欧的华德福学校中,丹麦有17所,挪威有20所,瑞典有15所,芬兰有14所。北欧国家所体现出来的教育自由和多元化,令很多东西方的发达国家望尘莫及。

美国

由于美国的传统教育中有极端强调训练未来的科技和经济人才的倾向,华德福教育在美国的发展经历了一个艰难的过程。虽然美国第一所华德福学校早在1928年就在纽约的曼哈顿创立,但直到20世纪70年代末,美国一共才有二十几所华德福学校。但是,不可思议的是,在过去的近十几年中,华德福教育却在美国得到了蓬勃发展。

美国的华德福学校属于私立学校,政府不提供任何资助,华德福学校只能以非盈利机构的形式,通过学费收入和社会捐赠来维持运行和发展。由于华德福教育对场地、校舍、教师和用具都非常考究,同时班级人数少，师生比例高，教学支出很大，造成了华德福学校的学费偏高。虽然华德福学校的学费高，如全美最贵的是旧金山华德福学校，高中一年的学费要28000美元，但是很多学校还是缺乏资金，其教师的薪水普遍比公立学校低。即使如此，很多老师仍心甘情愿地在这里承担着比公立学校更大的工作量，因为他们相信华德福教育是最理想的教育。

澳大利亚和新西兰

1957年2月，澳大利亚第一所华德福学校在悉尼的郊区创立了。经过多年的发展，澳大利亚一共建立了40多所华德福学校，并且在悉尼和墨尔本各建立了一所华德福师资培训学院。目前，这两所学院不仅为澳大利亚，也开始为全世界，包括亚洲地区培训华德福学校的教师。

澳大利亚的华德福教育一直得到来自英国的人智学学者和老师们的大力支持，英国爱默生学院的创始人法兰斯·爱德蒙（Francis Edmunds）就是其中一位很关键的人物。他在华德福学校任教多年，并在爱默生学院培训了许许多多华德福学校的教师，他多次到澳大利亚演讲，并在那里帮助培训老师和建立新的华德福学校。

法兰斯·爱德蒙也多次在新西兰演讲和帮助建立华德福学校，同时也有很多德国和荷兰的新移民把他们的知识和经验从欧洲带到新西兰，所以华德福教育在新西兰发展得非常顺利。从1950年第一所华德福学校在新西兰建立至今，已经发展了十几所华德福学校和幼儿园，相对别的国家而言，这个比例是非常高的，而且新西兰也有两所华德福师资培训中心。

新西兰和澳大利亚的华德福教育者对亚洲地区的人智学和华德福

教育运动的影响很大，很多来自新加坡、日本、泰国和中国台湾地区的学生都在新西兰和澳大利亚接受培训。同时，这两个国家的许多老师和学者也定期到印度、日本、泰国、越南和中国台湾地区等地帮助促进人智学的传播和华德福教育的发展。

南美洲

在南美洲，人智学和华德福教育运动几乎都是由来自欧洲的人士发起的，如1956年，巴西的第一所华德福学校就是由几对德国夫妇创办的，而且是用德语上课。在阿根廷也是类似的情况。20世纪40年代，一群来自欧洲的人智学学者想办一所华德福学校，由于阿根廷是在地球的另一面，时间和季节跟北半球刚好相反，在北半球出生、长大和生活的人们来到这里后，在生活习惯上遇到了很多冲突。尽管如此，他们仍实现了自己的愿望。所以，现在不但在巴西和阿根廷有多所华德福学校，连乌拉圭、哥伦比亚、智利和秘鲁等南美国家也有多所华德福学校。南美洲的华德福学校有一个共同特点是富裕的有产阶级有自己的华德福学校，贫穷的地方也有自己的华德福学校，并且各有各的特色。

非洲

非洲的人智学和华德福教育运动中心在南非，南非有世界上最豪华的人智学协会活动场所。南非的普通大学对华德福教育最热衷，政府对华德福教育非常支持，尤其是曼德拉政府。曼德拉还参观过设立在贫民窟中的华德福学校，他认为华德福教育是治疗南非历史伤痕的最佳良药。

埃及是第一个建立华德福学校的穆斯林国家，一名社会学家在沙漠地区建立了一个人智学社区，包括有机农场、华德福学校和治疗机构，最近还建了一所大学，由此也证明了华德福教育在伊斯兰文化中能和谐发展。

一对德国夫妇早在20世纪70年代在肯尼亚生活时就准备办一所华德福学校，经过十年的学习和摸索，该学校进入了正常运转。

大约在20世纪70年代，一位荷兰籍的华德福学校的退休老师受坦桑尼亚一位商人的邀请，在坦桑尼亚最大的城市达累斯萨拉姆创办了第一所华德福学校。值得一提的是，他们不像南美的新移民那样移植欧洲文化到南美，而是主动学习非洲当地的语言和文化，不仅把当地的文化融入教学中，而且用当地的语言进行教学，实践华德福教育的本土化工作。

日本

日本是亚洲地区最早发展人智学和华德福教育运动的国家。当德国的第一所华德福学校建立了10年之后，就有日本人在本国全面地介绍华德福教育的理论和实践。那时有几位从德国回国的日本留学生曾经准备创办一所华德福学校，由于当时的日本教育仍处于政府严格地控制之下，只为军事扩张服务，因此，虽然日本早就有训练有素的华德福教师，还是未能成功地办起华德福学校。直到1986年，日本第一所华德福学校才在东京建立。这所学校可以说是历史最长的"非法"学校，非法存在了19年后才拿到了合法的办学执照。

从人智学和华德福教育传入日本至今，大约有300人在国外接受过华德福学校教师培训，还有几百人学习了人智学、特殊教育、艺术、韵律舞和生物动力农业等，但很多人都留在国外工作。尽管如此，日本在这方面的发展还是走在亚洲国家的前头。目前，日本有5所华德福学校和几十所华德福幼儿园，另外还有几个根据人智学理念建立起来的文化社区。

印度

印度的人智学和华德福教育发展非常特别，自一位名叫Lekh Raj Ulfat的教授于1946创立第一所私塾式的华德福学校以后，有好几所类似的学校相继建立起来。当时，第一所学校只有8名学生，而这所学校依然以小规模的方式保持到今天。由于印度的人智学和华德福教育缺乏组织和相互帮助，他们一直都是以单干的形式出现。直到最近，一名旅居瑞士多年的印度人智学学者在印度发起了联合运动，通过学习班和研讨会形式，组织那些分散在印度各地的学者和老师一起学习和相互帮助，共同发展人智学和华德福教育运动。

菲律宾

菲律宾的民间团体和民间力量相当强大，那里不但有许多一流的学者参与推动华德福教育，而且政府也非常乐意接受鲁道夫·斯坦纳提出的三元社会秩序的理论，并在施政中实践着三元社会秩序的方法。因此，菲律宾是亚洲人智学和华德福教育的后起之秀，目前不但有华德福学校和华德福教师培训班，还有自然活力农场和人智学医疗机构。

泰国

1995年，一位在美国学习了华德福教育的泰国医生和他的太太在曼谷郊区租了一栋别墅,建立了第一所华德福学校。由于这位医生未出国前经常帮助孤儿,在泰国已有一定的知名度,他同时也是泰国"独立教育运动"的领导人。他的学校引起泰国各种媒体的广泛关注,同时也得到社会的支持。经过9年的非法办学之后,2004年这所学校拿到了合法的办学执照,现在已经发展成为一所从幼儿园到高中的全校。

值得一提的是,泰国有一所华德福学校是建立在寺庙学校的基础上,有些和尚甚至到国外学习华德福教育,可见华德福教育确实可以在不同的文化和宗教背景的社会中生根发芽。

中国台湾地区

1997年,一群留学英国的学生被邀请到台湾宜兰市的一所私立幼儿园,把那所幼儿园转型成华德福幼儿园,不久,又在幼儿园基础上建立了华德福学校。同时,台中、台南也在建立华德福学校,但是由于台湾地区的华德福教育发展太快,缺乏师资,只好一边办学一边从国外聘请专业人士来培训在职教师。目前,台湾地区已经发展了十多所学校和幼儿园,也有4所高中,教师培训也在进行。

中国香港

社会文化多元化的香港是华德福教育发展的良好环境。1995年,一名旅居德国多年的香港艺术家发愿,希望在1997年前在香港建立第一所华德福学校。她回到香港后,首先设立了一个华德福教育基金会,希望通过基金会来筹办学校。香港是寸土寸金的地方,要买一块可以办学校的土地非常困难;同时,香港又是一个典型的商业社会,华德福教育在一个商业发达的香港发展非常困难。大约在2006年，一些外籍人士举力在港岛的山顶开办了一所主要针对在港外籍人士的孩子的私立幼儿园，三年后在西贡开办了第二家。2004年，一名留学澳大利亚的热心人士在大埔租了一间农村旧房进行改造，先后办过孩子之家、亲子园、成人手工小组和华德福工作坊，现在已经发展成一个师资培训中心。另外还有很多热心教育的人士不断努力，希望推动华德福教育在香港的发展。

华德福教育如何与中国文化结合

我们的教育离传统文化很远，最近才兴起一股传统文化热、读经热、国学热等。因此，把华德福教育带回中国来，首先要考虑的是如何结合中国文化。过去我们也把不少国外的教育理念引进了中国，很多教育在实践的过程中，要么是过渡"本土化发展"之后脱离了原来的教育理念或原则，要么就是各行其道。

华德福教育是来自德国的教育理念，如何结合中国文化在中国实践华德福教育，一直都困惑着很多认同华德福教育的朋友。实际上，在中国用汉语进行教学是结合中国文化的实践之一，在选择故事、文学和历史材料上，老师们一定是遵从华德福教育的理念去寻找中国文化中的素材。比如，成都华德福学校开设了中国古典吟诵、书法、国画和民间工艺课，北京有些学校教太极拳和武术等。在西方，华德福学校庆典的节日，都是他们的传统节日，而很多传统节日也是跟宗教有关的节日。中国的华德福学校庆典的节日，也必须是中国的传统节日，如何庆典这些节日，就要研究华德福教育为什么注重节日的庆典，以及在我们的传统文化中，这些节日的庆典给人们的生活带来什么意义。

关于华德福教育与当地文化的结合，我在20年前去英国学习华德福教育开始就有切身的感受。1994年，我去了英国爱默生学院系统学习华德福教育，那是一所很小的学院，小到那一年一共才200名学生，可是这200多名学生却是来自35个国家，是一所真正的国际化学校。有一次，学生会举办文化之夜，希望来自同一个国家的学生在一起展示自己的文化。在这个聚会上，我看到来自世界各地的不同的文化节目，眼花缭乱，自己却拿不出什么可以展示的东西，这时候才发现自己"没文化"。后来，我去了很多世界各地举办的华德福教育课程或研讨会，都毫无例外地有当地的文化展示活动，以及来自世界各地的老师或学员带来一些文化节目，所有的文化节目都有一个相同的特点，那就是传统的、古老的和具有民族代表性的。华德福教育到哪里，哪里的传统文化就好像被重新激活了一般，而学习华德福教育的人也会迫不及待地恶补自己的传统文化知识。因此，全球各地的华德福学校都必须有自己的本土特色，如果华德福教育没有本土化的发展，就不能体现出华德福教育的本质。

把华德福教育带回中国来，首先要考虑的是如何结合中国文化。过去我们也把不少国外的教育理念引进了中国，很多教育在实践的过程中，要么是过渡"本土化发展"之后脱离了原来的教育理念或原则，要么就是各行其道。创办华德福学校的朋友中也有一些急于求成，为了本土化而本土化，并不知道为什么要本土化。在实现华德福教育本土化发展的时候，我们要非常清楚：我们是引进了教育的理念，还是教育的实践？教育理念和教育实践其实是不同的，很多人不理解教育有理念和实践的差别。其实，任何的教育理念都不存在本土化，如果把教育理念本土化了，就成为自己的理念了。华德福教育的本土化只能根据华德福教育的理念，在实践中实现本土化。没有认真学习华德福教育的核心理念，就讨论本土化实践，如其他很多理念到了中国之后就变质那样，重要原因就是没有坚持原来的理念，就进行本土化实践，实际是用自己的理解来解释他人的理念，并为自己的实践贴上标签。

　　华德福教育跟中国文化结合的前提，就是实施者必须对华德福教育的理念和中国文化都有比较深入的研究。比如，国外的华德福学校学习西洋乐器，中国的华德福学校学什么中国民族乐器，什么年龄阶段学习民族乐器，选择哪些音乐符合哪个年龄阶段的孩子。学习国画也有同样的问题，什么年龄阶段学习国画，选择哪些国画的技法符合哪个年龄阶段的孩子，什么年龄阶段学习，选择哪些国画的技法符合哪个年龄阶段的孩子。如果要学习中国书法，还是同样的问题，什么年龄阶段学习书法，选择哪些字体，什么年龄阶段学习什么字体。能否从华德福教育的理念中找到为什么要学习乐器、音乐和书法的原因，然后了解学习这些东西的真正意义，再是希望达到什么目的和效果。

华德福教育的成果

教育对孩子有多大的影响，不是通过孩子以后上的大学和从事的职业来判断的。如果孩子在上学的过程中，幸福、充实并学习到他们该学习到的东西，学会跟人打交道，学会和不同的人合作，学会调节好自己的内心世界，那么这就是教育能达到的最好效果。

华德福教育自1919年创立以来，全球已有不少的孩子在华德福学校接受过教育，华德福学校的毕业生究竟如何。

1986年，美国金伯顿华德福学校（Kimberton Waldorf School）做了校友调查，结果是：23％的校友在商业机构工作或自己经商，22％从事科技或医疗工作，16％从事教育工作，16％从事艺术工作，10％从事法律工作。

1994年，德国华德福教育友好协会应联合国教科文组织的邀请，在日内瓦展示华德福教育时，对华德福毕业生做过一次调查统计，收录在中文名为《Waldorf 教育》的书中。调查显示：华德福学校的毕业生中有总理、政党主席、国防部长、教育部长、电影明星、大导演、著名艺术家、作家、建筑师，以及很多商业领域中的成功人士。

2012年底，美国《纽约时报》报道，硅谷知名科技公司如Google、eBay、HP、Yahoo!等企业的高级主管不约而同把小孩送到华德福学校就读。

德国科学家汤玛斯·祖德霍夫（Thomas C. Südhof）曾就读德国汉诺威的一所华德福学校。而汤玛斯正是2013年诺贝尔生理学或医学奖的获得者之一，他和一位美国科学家共同揭开了细胞内部囊泡运输调控机制的神秘面纱，为人类更清晰地认识生命与疾病作出了卓越贡献。

华德福学校无须用毕业生上了什么名牌学校或以后从事什么好职业来宣传自己的教育成果。学生离开华德福学校后，上什么大学以及从事什么职业，都只是学生的生活过程，并不是生活的最终目标。华德福教育的目标是让孩子准备好来自生活的各种挑战，教育对孩子有多大的影响，不是通过孩子以后上的大学和从事的职业来判断的。如果孩子在上学的过程中，幸福、充实并学习到他们该学习到的东西，学会跟人打交道，学会和不同的人合作，学会调节好自己的内心世界，那么这就是教育能达到的最好效果。

因此，一般的华德福学校在每年的毕业典礼上，都会邀请一些不同年龄的校友回到学校与在校学生分享他们的生活，以及接受华德福教育对他们有什么影响。对华德福教育最有发言权的是那些接受过这样教育的人，通过他们的生活体验来验证。

最近，英国教育与技能部委托英国布里斯托大学访问22所英国的华德福学校。这份报告的结论是：英国华德福学生跟主流学校相比，通过国家学历考试的比例更高，建议英国的主流学校学习华德福学校以下几个特色，分别是：

及早引进学习外语教学；

针对幼龄孩子的主题式教学；

强调口语的沟通增强学生表达和倾听的能力；

弹性的课程进度；

配合学生意识发展来设计课程；

艺术化的教学方式；

重视老师的互助，对于特殊需求的学生集体研究；

教师治校的学校管理模式。

正因我们曾经能够通过灵性的知识去发展艺术，艺术灵感来源于人对最原始的梦幻般画面的精神体验。在人类进化的过程中，当对精神世界的体验退化以后，艺术就得寻找自己的出路，当我们进入文化纪元的新格局时，我们必须把艺术和这种精神体验再次连接起来。

——鲁道夫·斯坦纳

第二部分

彩虹下的华德福

世界是善的——华德福的幼儿教育

华德福幼儿园教育不提倡像小学低年级那样的"正规学习"，不教孩子读书、写字和算数，而是注重孩子的健康成长，给予孩子温暖和爱是幼儿园教育的重要内容。孩子由他所得到的爱以及丰富的生命力创建了自己的身躯之后，他的生命力才能用来执行第二个任务，即知识的学习与智力的训练。如果在此之前教他们读、写、算术，就会剥夺他们用以建造身体的生命力，而减弱他们的生理组织结构的发展。

华德福教育教什么，如何教，什么时候教？要回答这几个问题必须建立在对孩子不同阶段的发展有深入了解的基础上。

如学龄前孩子的第一个成长阶段可以进行细分。第一个成长阶段，幼儿学会三个重要的生存能力：挺身坐起、走路和说话。而这些能力是经由模仿学到的，如果幼儿只和动物一起生活成长，他就不可能获得人类的基本能力，在历史上不乏这样的例子。狼孩的例子就证明了人性只能从人的身上学习获得，更证明了模仿的重要性。孩子跟着妈妈，妈妈做什么他也要做什么，有时也想学妈妈洗衣服，学着大人的模样打扫；有时妈妈刚整理好的东西，又被他搬上搬下。幼儿最大的快乐在于可以自由活动和操作真实的家庭生活用品，而成人工作的意义与目的，对孩子来说根本没有意义。许多成人经常抱怨，如果没有孩子帮倒忙，家务事也许能做得更快。其实可以换一个角度来想，如果妈妈在做家务的同时，也让孩子参与帮忙，就是在生活中进行对孩子的早期教育。

当幼儿学会爬行或走路时，就开始喜欢探索身边的事物。此时，也是最容易发生危险的时期，小孩子都喜欢跟在妈妈身后，妈妈接触过的东西，他也要去碰，他会在厨房里把锅、瓢、匙、碗等都翻一遍；幼儿除了喜欢四处探索和参与活动之外，也时常会聚精会神地注视着大人的一举一动，如坐在一旁注视着正在削苹果或做针线活的妈妈，或者自己坐在角落的玩具堆里全神贯注地工作着，如用东西装满他的玩具筐，再全部倒出来；用积木搭城堡，再推倒；或者轻哼着歌谣，哄他的小娃娃入睡等。

幼儿的玩耍就是他们的工作，大人必须重视幼儿的玩具，同时也要教育孩子爱惜自己的玩具。所有在大自然中可以看到的、找到的或手工制造的简单木偶、娃娃、小动物等玩具都是最适合幼儿玩的玩具。因为孩子们与这种自然物质做的玩具接触，会对自然的组织与形状产生深刻的印象，而这种印象能直接影响孩子内在器官的形成。鲁道夫·斯坦纳认为："由固定不变的数学公式制造成的玩具，会使孩子们的想象力与创造力枯萎而死亡。"因此，孩子所接触的事物应该具备可变化性，以不完整或原始的形式呈现，能让孩子的想象力有充分发挥的余地，而不致使孩子的想象力枯死。

当孩子到了2岁多到3岁之间的顽固期时，自我意识首次觉醒，表现在孩子开始说"我"、"我的"或"我们"，这时的孩子真的要度过人生中第一成长阶段真正的危险期。当他的自我意识越来越强时，帮助他们学习如何与周围的人和事物和谐共处是这个阶段教育的内容之一。

3~5岁的孩子进入了第二个成长阶段：从出生到现阶段一直处在头部活动的生命力与想象力中，从现在开始，身体的中心部分起主要作用，尤其是在血液循环和呼吸器官（心脏与肺）中起重要作用。这个阶段的孩子会展现两种新的能力，使他与生活周围的事物产生明显易见的新关系，那正是孩子的想象力和记忆力。

3~5岁的孩子也正是处于充满想象力与即兴游戏的时光。如一名4岁的女孩在一片树皮上放了两块小石头，一边说着："我有一只小船和一名船夫。"可是当她走到你的面前时，也许会对你说："我送给你巧克力和糖果。"一边将小石头放在你的手里，而她手中的那片树皮过了一会儿又变成了小矮人房子的屋顶了。她可以把一张小凳子当娃娃的炉灶，一会儿又可以变成饲料槽，倒过来放的小凳则又成了娃娃床或火车车厢。

这些例子都显示了孩子在此年龄具有一种特殊的能力，就是能运用周围的一切东西，凭借其想象力可以把每种东西变成新的或"活"的东西。孩子对于眼前的事物，通常只感觉到似曾相识，而想象力可以填充他的需要。当然，其先决条件是这些东西必须是孩子曾经熟悉的东西，如果一个小孩从未亲眼或在图画中看见过船，他不可能在游戏中捏造出一只船来。

此外，孩子在这个阶段的游戏变化无穷，游戏内容经常是模仿日常生活中的事物，有时甚至跟生活毫无关联地出现，有时随机应变而来。总之，他会随时随地不断产生新的主意。有些成人会担心孩子不够专注。事实上，这个年龄所谓的专注是在于游戏行为本身的连续性，而不是在于游戏内容的连贯性，这也是这个年龄段的孩子进行游戏的特色。

在这个年龄阶段，孩子的游戏会显得毫无秩序和一片混乱，但是这种混乱现象非常有意义，因为这是孩子随时受外界的影响而表现出来的反应。所以，在孩子游戏之后，应给孩子足够的时间让孩子收拾、整理玩具，并且家长以身作则带头进行整理工作，让收拾整理不成为一个命令式或压制式的负担，反倒是成为一种愉快和自然的习惯。

大约5岁开始，孩子迈进了生命的第三个成长阶段：此时，器官形成的力量将渐渐自由地在血液循环与呼吸系统中活动，并且在新陈代谢与四肢部分发挥功能。这个阶段的孩子除了手脚好动之外，手指尖的运动也开始灵活敏捷起来，5~7岁的孩子会想象图像和做有计划性的游戏了。

许多孩子都会在经历了一段危机时期后，尤其是那些原来很具想象力与创造力的孩子，第一次体会到无聊的滋味。他可能会站在你的面前说："我不知道该玩什么了。"孩子的想象力需要休息一段时间，应该多让孩子参与大人的工作，如削苹果、擦盘子、打扫、烤面包、缝纫等。也许过一阵子，或者过几天，这些孩子就会有新的主意，有了新的主意之后又会有新的游戏。在这个阶段的孩子的游戏，不再是从外界事物直接影响而产生的了，而是来自孩子内在的心灵产物。换言之，孩子对于曾经体验过的事物拥有一个内在的画面，不必再依赖时间、空间或任何人的提醒，就能直接从游戏中反映出来。

这个年龄阶段的孩子不需要讲究的玩具，而是能陪伴他一起成长的游戏素材，好的素材能够引发孩子进行游戏的兴趣，5岁以上的孩子已经会先构想，再用心去寻找符合他想象中的素材并利用它，原先丰富的想象力发挥了新的功效。陪伴孩子游戏，不需要使用过多的语言，也不需要给予指导，让孩子们自由主动地发挥自己的想象力，在平和、喜悦的氛围中创造，就是最适合的陪伴了。因此，在华德福的幼儿园或家庭中，经常会给孩子们布置一个允许他们自己创造的空间和适合模仿的环境。

每个孩子都会乐于参与大人的工作，每个乐于做家务的母亲和每个喜欢孩子参与家庭工作的父亲,都可以了解到孩子如何在无形中模仿买菜、烫衣服、使用刀子和除草等工作,而这些工作都会在他们的游戏中重演,孩子这段游戏童年是其日后人生最重要的基石。因此最重要的是,孩子周围的成人能否将生活安排得有规律、有秩序,是否喜欢工作,是否是乐于主动承担责任的人。

现代都市生活中的孩子,没有动物和植物陪伴,甚至没有阳光、星星和月亮,在快节奏的生活方式和日益被污染的环境中生活。同时,很多孩子生活在破碎的家庭里,生活在祖父母的溺爱中,或由于父母工作忙经常看不到父母亲,或生活在贫困的环境里,很多这样的孩子因此而失去了自然的成长环境。华德福学校为了帮助孩子在自然中成长,常常把学校建在郊外,让孩子有宽阔的地方奔跑;养一些小动物,创造机会让孩子学会关爱生命;种花种菜,让孩子感受到生命的欣欣向荣。

华德福幼儿园教育不提倡像小学低年级那样的"正规学习",不教孩子读书、写字和算数,而是注重孩子的健康成长,给予孩子温暖和爱是幼儿园教育的重要内容。孩子由他所得到的爱以及丰富的生命力创建了自己的身躯之后,他的生命力才能用来执行第二个任务,即知识的学习与智力的训练。如果在此之前教他们读、写、算术,就会剥夺他们用以建造身体的生命力,而减弱他们的生理组织结构的发展。

因此,华德福幼儿园的课程安排是在日常生活中学习,包括游戏、故事、音乐、艺术、手工、运动、照料动物、做面包、做家务等等。幼儿园的功课或作业,也许是在阳台上种一盆小麦,让孩子轮流浇水;或养一对金鱼,让孩子轮流照料;或帮助老师布置教室、洗被子、做清洁等。在自由玩耍的时候,孩子会用木头、石头、树枝、树皮、松果、布等自然材料在地上搭建自己的小农场、村庄、城堡和自己的家等，有时孩子会自己编故事扮演角色，在过家家中模仿成人的生活。其实，这就是孩子表达内心世界的方式，也是孩子学习的主要方式。幼儿园的教育主要是提供环境，从故事中提取素材，参与和从中协调。

华德福幼儿园没有固定的课本、书、作业，孩子主要通过耳朵、眼睛、口头表达和动手模仿来学习。如美术课中有绘画和水彩两种，绘画主要是用粗的、彩色方块状的蜡笔，孩子可以自由地画自己想画的东西，老师没有真正意义上的"指导"，每一个孩子的画都会成为大家欣赏的对象，老师可以从孩子选择颜色、用力和线条中观察孩子的心理活动和表达的思想。水彩画经常是孩子最喜欢的，孩子在幼儿园阶段，如果学会如何为画画准备材料、用具，学会用画笔，帮助老师收拾就是很大的本事了，这也是教绘画的主要内容。他们对颜色有特别的感受，一般每次只给孩子两种基本色：红和蓝，让他们玩颜色，在玩颜色的过程中熟悉颜色，感受颜色所传达的内在意义。一定时间之后，孩子可以用三种基本色：红、蓝和黄，充分掌握这三种基本色的混合和搭配所产生的颜色变化，孩子的内心会在这种玩的过程中得到娱乐和感觉喜悦。

手工课是从孩子玩沙堆开始，沙和水是孩子天然的、最好的玩具，沙和水的绝妙之处是无形的，孩子可以从中找到无限的乐趣。华德福幼儿园的手工课中，选用了蜂蜡，通过孩子手中产生的温暖让蜂蜡慢慢变软，孩子可以随便捏制他们喜欢的东西——天使、小动物或其他造型，也可以用各种颜色的蜂蜡拼成一幅画。在这个过程中孩子不但体会到艺术的内涵，也体会到温暖的内涵，是动手和动脑的最佳结合。

英国华德福幼儿园的日常活动

孩子在这个年龄阶段，家庭生活的温暖是生命成长的必要因素，华德福幼儿园是孩子的心灵避风港，老师就像妈妈那样关爱着孩子。

　　1995年，我在英国南部爱默生学院学习华德福教育，那所学院的前身是迈克荷尔（Michael Hall）华德福学校的师资培训班。当时，只是为本校培训在职老师，后来为了培训更多的华德福学校老师，逐渐发展成为一所教育学院。爱默生学院的一些课程仍然由迈克荷尔华德福学校有经验的老师担任，他们的第一手经验对于将要做老师的学生来说是很重要的。同时，学院的一些老师也在华德福学校里兼课，目的也是为了更新对时下孩子和社会的了解。

　　我在英国学习华德福教育时，第一次见习就是到华德福学校的幼儿园跟布莱恩太太学习。布莱恩太太是迈克荷尔华德福学校的幼儿园老师，当时已经在这所学校任教15年了。她总是带着慈祥的笑容，教育已经成为她生活的全部。她每天早上都比孩子先到学校，一到学校就整理环境，整理完之后就坐在门口，一边做针线活一边等待着孩子们的到来。戴安娜小姐刚从华德福教师培训学院毕业，是布莱恩太太的助教。她曾在公立学校任教4年，由于公立学校的教育现状一再令她失望，于是她决定成为一名华德福幼儿园的老师。那天是星期五，按照课程的安排，今天的活动是烤面包。此时，戴安娜小姐正在教室里准备教学用具和材料，她一边揉着面，一边哼着儿歌。

迈克荷尔华德福学校创建于1924年，坐落在英国伦敦以南50公里外的一个小镇上。这里葱茂的树林把学校团团围住，校园里有成片的草地和小农场，校园四周显得格外幽静。学校的主体是一座有300年历史、城堡般的豪宅，几座外形奇特的建筑物错落有致地分布在校园里，其屋顶、墙、窗户和门都是不规则的多边形。

幼儿园坐落在校园后面的小山丘上，里面的设计不像普通的一所幼儿园，反而更像一个家。每间教室里都有厨房设备，工作台低到连3岁的小孩子不用搬凳子也可以来帮忙。浅红色的墙和窗户上挂着淡蓝、淡红和淡黄色柔软透明的丝绸，室内因而显得温馨而柔和。其中一个角落里整整齐齐地摆放着小摇篮，布娃娃们盖着被子静静地"睡觉"，等待他们的"妈妈"的到来。

这些布娃娃大多数是布莱恩太太和一些家长们制作的，它们只具有人的一些基本特征，如脸部只用线缝了3个点代表眼睛和嘴，其目的是让孩子想象出人的模样。她认为，如果孩子拿着和真人一模一样的玩具，孩子就会失去想象的空间。教室的四周摆设着各种各样利用羊毛、棉布、木头、干花和干草等自然材料做成的风景、天使、动物、人物等玩具和艺术品。这些也都只具有一些象征性特征，目的也是为了给孩子们提供足够的空间以发挥他们丰富的想象力。采用自然材料的目的是让孩子充分地接近大自然，感受大自然的真实和美。这是一个典型的华德福幼儿园的布置。

"早安，布莱恩太太！"今天第一个来的孩子是约翰。他和布莱恩太太道早安后，把背包和大衣挂在标有他名字的衣帽架上。一进教室，他看到戴安娜小姐在揉面，他很快也系上围裙，戴小姐微笑着递给他一小团面。

"戴小姐，我在路上看到一只小松鼠，全身湿淋淋的。它一定是刚洗完澡，还没擦干身子就跑出来玩……"约翰一边兴致勃勃地讲着他的见闻，一边揉着面。

这时，艾米丽也来了，她向布莱恩太太道早安后就去找她的布娃娃——琼，她帮琼起床，穿衣服，喂饭，她一边喂饭一边自言自语地唠唠叨叨，真像一个老妈妈。杰克也来了，杰克还没来得及跟布莱恩太太打招呼就去找他昨天没做完的木剑。孩子们就这样陆陆续续地进了教室，各自玩起来。

大约八点半，布莱恩太太牵着最后来的一个孩子进了教室，走到一张用蓝色的丝绸、松枝、木头、石子等装饰着的矮桌前。孩子们见状纷纷围过来坐在已摆成一圈的小椅子上，约翰放下面团，艾米丽放下布娃娃，杰克也放下木剑，都加入了这个圆圈中。布莱恩太太轻轻地点燃了桌上的蜡烛，叽叽喳喳的孩子顿时安静了下来，孩子们跟着布莱恩太太念一首短诗。

之后，"叮咚叮咚叮，让我们唱歌和跳舞……"一天就这样开始了。孩子们一边朗诵着童谣："农夫是这样播种，妈妈是这样洗衣服……"一边模仿着这些动作。布莱恩太太不会直接告诉孩子们该如何做，如何唱，更不会去矫正他们。她只是很投入地反复做，反复唱，孩子们通过自己的观察和聆听来调整自己。她教孩子们唱歌和朗诵时，不像在指挥一支乐队，而更像是在给一支乐队伴奏。他们一起唱着跳着，不知不觉中就到了洗手间，排队洗完手之后，又到工作台前，准备做面包。对于那些动作缓慢或注意力不集中的孩子，布莱恩太太和戴安娜小姐就会亲自牵着他们的手或安排他们坐在旁边。在整个过程中，布莱恩太太没用过任何命令式的口吻指挥他们，而是通过自己的歌声和行为来引导每一个环节。

接着是自由户内活动时间，在这段自由活动中，我注意到布莱恩太太不给孩子任何的指导和指挥，孩子们三五成群地凑在一起玩。几个孩子要开一家餐馆，他们会用叠好的小布块，当成餐巾纸、菜单或小钱包。几个孩子要搭建一间小卖店，一位扮成卖饮料的小店员，收集大树枝当成他的啤酒箱，又收集了许多小树枝当成各种不同的饮料。几个孩子要开一家诊所，准备了许多针筒、听诊器。医诊室中还有一间候诊室，这次叠好的小布条，则成了候诊室中的漫画书刊。在他们的游戏中不时出现了垃圾车、救护车、学校、木工厂、消防车、吊车、电话亭、潜水员等不搭主题的玩具。尽管他们非常有计划地进行游戏，但是在游戏中不断地有孩子提出其他更有趣的主意，他们会随时改变原本的游戏内容。

布莱恩太太说，在迈克荷尔华德福幼儿园，每天的活动几乎都是由早上聚会点蜡烛静思例行仪式、当天活动的主题、户内自由活动、吃点心、户外活动、室内安静休息时间、故事时间和户外活动组成。当天活动的主题在不同的年龄阶段都不一样，根据教学大纲，有蜂蜡造型、水彩画、烤面包、打毛线、剪纸、演话剧等内容。不同的老师安排这些课程的时间和方式也不一样，但大体原则是根据当时的情况、天气和季节协调，有节奏地进行。

　　大约十点半，到了吃点心的时间，戴安娜小姐已经把点心准备好，而且把桌子布置得像个大宴会。粉红色的桌布上，整齐地陈列着孩子们做的面包，每个孩子都有编成花样的餐巾。孩子们整整齐齐地坐在桌旁，等待着布莱恩太太点燃蜡烛。布莱恩太太合上手点一下头，孩子们一起念一首每天吃点心前都要念的诗。

The earth who gives us all the food

The sun who makes it ripe and good

Dearest earth and dearest sun

We will not forget what you have done

大地赐给我们所有的食物

太阳使得成熟可口

亲爱的大地和亲爱的太阳

我们永远忘不了你们的恩典

　　今天的点心是孩子们亲手烘烤的面包，他们显得格外兴奋。吃完点心，接下来的半个小时是户外自由活动，有几个孩子自愿留在教室里帮戴安娜小姐清洗餐具。

　　户外自由活动之后是30分钟的安静休息时间，在休息之前是讲故事的时间。布莱恩太太对孩子们说：“我们先来做一个游戏，首先请闭上你们的眼睛，我往地上丢几枚针，如果你们能猜对我丢了几枚针，我就开始讲故事。" 顿时, 教室里鸦雀无声。

布莱恩太太再次点燃蜡烛, 她坐在摇椅上好像一位慈祥的老奶奶。"很久以前, 有一个国王, 他有3个女儿, 她们都非常漂亮, 尤其是小女儿的美丽, 连太阳都感到吃惊。一天, 她们在森林里的泉水边玩金球, 一不小心, 球掉进水里了, 小公主伤心地哭起来。这时, 有只丑陋的青蛙游过来, 他对公主说, 他可以帮助公主找回金球, 但是不需要公主的金银财宝, 只要跟公主一起吃饭和睡在公主的床上。公主答应了他。不久, 青蛙叼着金球来到了公主的面前……" 孩子们喜欢听故事, 即使是重复了好几遍的故事, 他们也听得津津有味。有时候, 布莱恩太太故意讲漏一些, 他们就会马上举手补充, 在无意中培养了孩子们的注意力和记忆力。

孩子在这个年龄阶段, 家庭生活的温暖是生命成长的必要因素, 华德福幼儿园是孩子的心灵避风港, 老师就像妈妈那样关爱着孩子。

世界是美的——华德福的小学教育

华德福教育极力避免因考试、比赛和排名次等方法来衡量学生而造成的不良影响，换之是以展示学生学过的东西和取得的成绩来表达每个学生的个性，和取得不同程度的进步。

从前，有个国王，爱花甚过爱王妃，他四处招收园丁并从各地引进很多种类不同的花。有一次，为了引进一种名贵的玫瑰花，国王下令赏重金寻找富有经验的园丁。重赏之下必有勇夫，有一天，终于来了两位园丁，他们都声称可以种好这种花。国王很高兴，赏了他们一些银两，他们就各自分头种花去了。要求十几天后，他们的种子都生根发芽长叶子。

第一个园丁很焦虑，他不停地给植物洒水施肥，但还是担心植物是否得到足够的水分和养料，于是，他每天都把根拔出土来检查，剪一些叶子去化验。不久植物就枯萎了。

第二个园丁却耐心地等待植物生长，他定时定量地洒水和施肥，当然也考虑了阳光、空气和气温对植物的影响。他对自己的栽培技术很有信心，从不刻意检查和化验，不久植物便开出了美丽鲜艳的玫瑰花。

"老师像园丁"的比喻和这个故事无关，这个故事是用来区别华德福教育和现行的教育，现行教育通过应接不暇的考试、比赛、排名次、检查、评估等方式来量化孩子，跟第一个园丁频繁地检验植物的根和叶子的做法没有本质区别。

第二个园丁对自己的栽培技术很有信心，定时定量地洒水和施肥，从不刻意检查和化验，这正与华德福教育一样——极力避免因考试、比赛和排名次等方法来衡量学生而造成的不良影响，换之是以展示学习成果来表现每个学生的个性，不会把学习的时间和精力花在无谓的考试、测验和考级上，因为现在的考试是考学生容易忘记的、混淆的跟平时学生不太关心的知识点。考试结果不好的话，无论学生付出了多大的努力都会被认为不够用功。这样的考试、比赛、分数和排名次等方式带着挑剔的眼光来衡量孩子，本质上否定孩子的努力和工作，使学生容易对自己和未来失去信心。

华德福学校在每个学期结束时，各班都通过在教室和学校大堂里展示本学期学生自己制作的手工艺品、美术作品、课本和设计的模型等来展现学生的学习成果、综合能力和深层思想意识。不同的年龄阶段还有独立的或小组的"展示项目"，他们会在学校里以展示展览、演示和演讲等方式，或举办公开的话剧表演、朗诵和演奏会等艺术表演活动。用这种展示来代替考试的教育方式可以让每个孩子都能充分地发挥自己的个性，并使他们能够得到肯定和欣赏。在这种互相欣赏和鼓励的气氛中，学生没有失败的压力，只有成功的鼓舞。在这种鼓励和欣赏下，孩子对自己充满信心，同时也学会欣赏和尊重他人。在华德福学校每次大大小小的庆典活动中，都有学生的合唱、演奏、韵律舞和朗诵等，学生经常通过为公众演出话剧和举办音乐会等方式来筹款，作为他们外出参观学习的活动经费。

华德福学校的课程不以传统的科目而是以主题的形式来安排，称为主题课（Main Lesson）。每个主题的学习时间是3~5周不等，学术性的主题都安排在每天早上的两个半小时的主题课时间里，如语文、数学、自然科学、地理和历史等主题。课程的安排非常注重师生关系，同一位主题课老师从一年级带班到八年级，这样学生可以有一个稳定的环境，让他们感受到爱和安全。这位老师一旦接受一个班，就跟这个班的孩子相处八年。在这八年中，主题课老师和同一班的学生朝夕相处，互相了解和互相关心，并和家长保持密切合作。老师不但是学生的启发者，更是学生精神的向导者，寻求与学生在精神世界中互相沟通。如果某个学生有问题，老师就跟家长和其他老师一起合作来解决，如果老师只是任课一年或半年，那么他就可能忍耐一年或半年，然后把问题推到另一位老师的身上。由于主题课老师每年都要教新的课程，还要不断地学习新的内容。因此，这位主题课老师需要在不断地学习和帮助孩子成长的过程中，不断地积累知识和完善自我。主题课老师每天早上教授两个半小时的主题课，如语文、数学、自然科学、地理和历史等课，有一些主题课老师同时也负责一门外语课（华德福学校各年级都同时开设有两门外语课）。其他如音乐、美术、手工、园艺、体育和韵律舞等课由专业老师承担，主题课老师也经常参加这些课的学习，并协助专业老师辅导学生。

主题课的内容和教学方法都强调艺术性。例如，三年级中，在3个星期建造一间房子课题之后，学习3个星期的数学，学习在建房子的过程中所遇到的测量和计算问题。紧跟着的是学3个星期《旧约》，在这一主题中就是静静地听《圣经》故事。主题课和另外的科目之间也有巧妙的安排，例如在学习《圣经》故事期间，音乐课老师也教一些希伯来文的民歌。

主题课的内容安排是根据孩子的内心需求来设计的，并着重其深层意义。以建房子为例，这时的孩子正是处于逆反年龄，因此需要在老师的带领下才能够建房子，这样可以维护老师的权威来平衡孩子的逆反心态。在老师带领下亲手兴建一间真正的小房子，对孩子来说是一件很了不起的事情。同时，9岁孩子的心灵和身体都需要自己的"房子"，给自己寻找内心的归宿感。从建房子的过程中，学生学会设计、画图，包括各种几何图形；还学会了度量长度和计算各种图形的面积和体积。在材料准备和施工中，认识各种材料的特性，培养感觉和观察世界的能力。在老师的带领下，编写计划和向学校申请资助，这样一来又锻炼了学生的语言表达和写作能力。

主题课的安排核心线索是孩子的意识发展过程。一年级的时候，孩子从神话故事中学到生活的结构；二年级，孩子从各种文化的圣人故事中，以圣人为榜样学习做一个完美的人；三年级，孩子从《圣经》故事中探索生活的意义；四年级，孩子学习人与动物的关系，开始用新的观点来看待这个世界；五年级，孩子学习偏重文化的古代史，了解古代人的生活方式；六年级，学习希腊和罗马历史，同时也学习物理，结合希腊和罗马的艺术与科学，挖掘自然规律、人体与自然的统一美；七年级，迎合生理和心理发生急剧变化的青少年，着重学习文艺复兴文化和中世纪历史，让学生以一种"人性复兴"的角度来审视这个真实的世界；八年级，迎合青少年的叛逆和厌世心态，学习世界各地革命和冒险家的开拓精神，如学习法国革命中自由、平等与博爱，从哥伦布寻找新大陆的冒险中，学习探索和冒险精神，为下一步的高中生活铺路。

　　华德福教育的课程之间必须有一个有机的结合。如六年级的历史课，学习希腊和罗马史，学生对那些帝王、战争、事件和日期只作基本的了解，重点是学习和欣赏希腊的古诗、雕塑艺术与罗马的建筑风格。同时在体育课里也学习古希腊的传统运动并模拟奥林匹克比赛，着重体现运动中的审美而不在于竞技的竞争。在接下来的课题中，学习和演出希腊的话剧，在这个主题的学习结束时公开演出，这种演出通常是为某个集体活动筹款。当学生到十年级，再一次学到希腊和罗马史时，就进行理性地研究，如辩论柏拉图和亚里士多德的哲学思想，学习古罗马的法律和民主政治结构，在班级里实行民主管理等。

苏格兰的华德福小学

在学校的课程安排中，不但每天都有收与放、呼与吸、动与静交替，而且在一个星期中也会突出一天收一天放的节奏；甚至在主题课的课题安排上也注意到这种规律。课程安排符合人的生理节奏，这在幼儿时期尤其重要，因为孩子对知识的接受有吸收和消化的过程。

华德福教师培训课程中有大量的教学实习，但不同的培训学校实习的课时长短不一。我在英国学习华德福教育时，除了极少的几个同学出国实习外，一般都是分布在英国二十几所华德福学校实习。由于爱丁堡华德福学校有一定的历史，并有许多经验丰富的老师和成熟的管理体制。于是，在第一个实习阶段，我选择了去苏格兰爱丁堡华德福学校（Edinburgh Waldorf School）实习。

听说苏格兰很冷，来之前也有所准备，不过那天却不是很冷。一出火车站，就有一位中等身材的中年妇女迎上来，自我介绍说，她叫维奇，是爱丁堡华德福学校三年级学生的家长，专门来接我的。我环顾一下，人群中也有不少像我这样的东方人，便惊奇地问她如何知道我就是她要接的人。她笑着说："凭我的直觉。"她又说："因为今天学校要召开一个特别会议，三年级的班主任便请我来接你。"

一路上，维奇像个导游那样给我介绍爱丁堡："这里就是皇城根，街道上铺的鹅卵石已有几百年的历史了，左边是圣彼得教堂，右边是爱丁堡城堡，有空你一定要来看一看。"我们的车在不太宽敞的街道上穿行，两旁维多利亚式、乔治亚式的古老建筑和歌德式教堂雄伟壮观，这里飘溢着浓郁的苏格兰文化韵味。

很快，我被带到了一所很漂亮的公寓，维奇说："这是学校一位音乐老师的家，但是他很少来住，所以，他让给你在实习期间居住。"她一边说一边从包里拿出一些黄油、面包、乳酪和一碗鸡汤，说是为我准备的晚餐和明天的早餐。我连声感谢她，她说着便告辞了。窗外已是一片漆黑，苏格兰寒冷的风呼啸着，我却感到一阵阵的暖意。

第二天一早，我就到学校去了。和很多建立在农村或郊区的华德福学校不一样，爱丁堡华德福学校坐落在市区里，学校由三座大洋房构成，这三座洋房的前庭和后院连在一起构成一片很大的空间，新建的大礼堂坐落在这三座洋房的中间。据介绍，这些房子都是热心教育的人士捐赠的。英国的华德福学校属于私立学校，没有政府的财政资助，靠的是民间力量，而这些学校都是属于公益事业，学费收入和社会募集的资金都是用于学校的开支和发展，没有利润、奖金和分红。

进入办公室，几位教师热情地向我问候并给我介绍各种各样的事情，让我感觉一下子就融入到他们中间。办公室里没有奖状或排名板之类的东西，四周是摆满书的书架，书架的低层是壁柜，给老师存放一些个人用品。办公室的中间只有两张办公桌，但上面没有学生的作业本、试卷之类的东西，只有几份摆放整齐的当天报纸。老师的办公室几乎都是在教室里或者在图书馆里。

八点一刻的样子，老师们基本到齐，有一位老师在桌子上轻轻地点燃蜡烛，他们围着桌子站立肃静片刻，一位老师开始朗读一首斯坦纳写给教师的诗。短短的几分钟晨会仪式给人一种严肃与神圣的感觉，目的是让老师们不断地提醒自己——老师是人类灵魂的工程师。

我的指导老师叫麦克伦女士，麦克伦女士已在这所学校任教16年，最初是专教德语，后来担任班主任。她已经带一个班（从一年级到八年级）毕业了，现正在带第二个班。在华德福学校里，班主任带班和教语文、数学、历史、地理等重要的课程，目的是给孩子一个安稳的环境和让老师能够确切地了解每一位学生。

当我走进教室时，孩子们都惊奇地上下打量我，麦克伦女士给孩子们介绍说："这是黄先生，他来自地球的另一边——中国。往后的4个星期，他都将和我们在一起，黄先生会教你们讲汉语和唱中国歌。"孩子们掩饰不住他们的喜悦齐声欢呼"YES"。

第二天早上，我提前来到教室，早上灿烂的阳光从窗外直射进教室，教室里显得明亮和温暖。接连几天的阴天和小雪之后，温暖的阳光给教室带来了喜气，孩子们似乎比前几天更活跃了，有几个孩子坐在桌子上用脚使劲地敲打着桌子，有几个孩子在教室里互相追逐，还有一些三五成群在叽叽喳喳地谈笑，一共才23个孩子的教室简直像个大集市。我没法加入他们的热闹，便在一旁欣赏他们挂在墙壁上的作品。那些水彩画都没有线条，也没有形状，只是纯色彩，而且一般只有红、蓝和黄三种基本颜色，但那些和谐和流畅的色彩给人无限的想象空间。

上课铃响了，麦克伦女士走进教室，孩子们立刻回到座位上，她分别和孩子们握手，并看着他们的眼睛问候，不时表扬一下同学的衣着，或问候一下他们的宠物以及父母。之后她立正站在黑板前，折双臂交叉在胸前，孩子们也跟着麦克伦女士做，站立在自己的桌子前。肃静一会儿后，麦克伦女士用眼光示意一个女孩——海伦点燃在角落的桌子上的蜡烛，又沉默了一会之后，他们齐声朗诵一首每天早上都要念一遍的晨诗。

The sun with loving light

Makes me bright each day

The soul with spirit power

Gives strength onto my limbs

In sunlight shining clear

I reverence， oh God

The strength of human kind

Which thou have so graciously

Has planted in my soul

That I with all my mind

May love to learn and work

From thee stream light and strength

To thee rise love and thanks

太阳以那充满爱的光

照耀着我每一天

灵魂以心灵的力量

充满我的躯体

伴随着我成长

啊！我崇敬伟大的造物主

在灿烂的阳光下

你已把人类的能量

和蔼地注入我的灵魂

使我尽心尽力

热衷学习和工作

由你带来光和力量

为你涌出爱和感恩

　　念完晨诗之后，麦克伦女士又示意海伦把蜡烛吹灭。接着，做绕口令和演说练习，朗诵几首著名的诗歌和唱歌，大概进行了半个小时之后，紧接着是做游戏。孩子们围成一圈沿着顺时针踏步，一边踏步一边数数，前进七步，倒退一步，进六步退两步，进五步退三步，这样以八步为基本节奏不断地循环。在倒退的同时拍掌，退一步拍一掌，退两步拍两掌，退三步拍三掌。反复几次之后，麦克伦女士又要求孩子们不出声只踏步。又几次之后，麦克伦女士便要求孩子们站立不动，闭上眼睛顺着节奏默默地"走"两圈。这时，只能听到孩子们的呼吸声。

　　游戏结束在孩子们最安静的时刻，孩子们原地坐下，麦克伦女士开始讲这三个星期的主题课，课程是以《圣经》中的故事为主题，根据故事内容和人物形象来绘画，音乐老师会教一些希伯来语歌。根据九岁孩子的意识发展规律把《圣经》的故事安排在三年级里，9岁孩子的明显变化是个体意识开始萌芽，他们开始以一种不同的眼光来观察世界，通过《圣经》中的故事不但能给孩子高尚的启示，寻找生命与文化的根源，而且能够回答孩子自己是怎样来到这个世界的问题。

过了几天，我便开始了第一次实习教学。那天，点蜡烛和朗诵诗等例行仪式都很顺利，然后教孩子们唱一首中国民歌，开始时，孩子们都很兴奋，但不久就有一些孩子渐渐失去兴趣，也许是语言的原因。当我发现有些孩子开始搞小动作时，立刻停止唱歌而展开游戏活动。我带领孩子们做一个有关工人劳动的游戏，他们刚学完采矿的主题课，这一下他们可乐坏了，几乎停不下来。在我发现自己逐渐失去控制时，正好到麦克伦女士上课的时间。当然，麦克伦女士没花多大的工夫就恢复了秩序而开始上课。

放学后，麦克伦女士给我做辅导工作，她说她和孩子们都喜欢我做的游戏，并能跟从我的节奏，孩子们没有不习惯的感觉。我正在感到高兴的时候，她给我指出说："但要注意收与放的节奏关系，你做的游戏只有放没有收，最后他们有飘飘然的感觉，所以你几乎失去了控制。收与放就像呼吸那样，如果只有呼而没有吸，是不行的，下一次请注意我是如何掌握收与放，呼与吸，动与静的节奏和韵律。只有在教学和生活中掌握节奏和韵律，才符合孩子的身、心、灵和精神的整体健康，并且孩子们所学到的知识才能深入到潜意识中。"

我顿时有茅塞顿开之感。我也注意到，在学校的课程安排中，不但每天都有收与放、呼与吸、动与静交替，而且在一个星期中也会突出一天收一天放的节奏；甚至在主题课的课题安排上也注意到这种规律。课程安排符合人的生理节奏，这在幼儿时期尤其重要，因为孩子对知识的接受有吸收和消化的过程，如看书、听故事和写作绘画就是相对应的、一进一出的过程，这个过程应该像心跳的频率或正常呼吸那样有规律才能自然地进行下去。春天是万物生长的季节，孩子显得比冬天更好动、更调皮是符合自然规律的。那么，春天的课程就应该安排多一点身体参与和外向型活动，如农业、采矿、地理和机械等课。在这4个星期的《圣经》故事课题之前，有3个星期的主题课课题是采矿，《圣经》故事课上完后安排的主题课则是建房屋，这样体现了在大节奏里也有小节奏。

有一天，麦克伦女士让我自己带学生画水彩画。我牢牢记住麦克伦女士强调的节奏，在第一部分的课前练习中也尝试使用一些掌握节奏的方法，不像以前那样有失控的感觉。但是在开始画画的时候，本来喜欢画画的艾米莉就是不肯动手画，她坐在那儿发呆，我好心劝她几次，她也无动于衷。于是，我请麦克伦女士做她的思想工作，后来，她勉强地拿起笔来画。那天我们绘画的主题是用两种颜色画一只狮子，结果她画的狮子像一只熟睡的猫。我知道她可以画得更好，我想她是有意跟我作对的，所以我有点生气地对她说："艾米莉，你的猫睡着了。"艾米莉说："不对，黄先生，波比今天早上死了，它还在我的床上躺着。"她说完就流泪了。我为刚才不知道艾米莉不想画画的原因，也为不明白她那不平常的画而感到非常内疚。希望我没伤害她的感受，为了弥补过失，我买了一张画有猫的油画送给她。自此以后，我经常听到艾米莉讲她那可爱的波比的故事。

放学后，麦克伦女士例行给我做辅导工作。她说："作为华德福老师，不是评定学生的作品好与不好、像与不像那么简单。面对孩子的画，就是面对着孩子的内心世界和感受，老师的语言与行为稍不留意可能就会伤害到孩子的感受，孩子的感受可能就在他们的画中出现。无论孩子画得如何，都是表达了孩子的内心世界，画得不好是技术问题，跟艺术的关系不大。老师要学会通过孩子的画来欣赏和观察孩子想表达些什么，老师要不断地鼓励孩子再接再厉才能进一步理解孩子。"

我又一次有了茅塞顿开的感觉，我觉得在这里有永远都学不完的知识。华德福教育通过研究孩子绘画来认知人的成长过程，这种做法很实在。因为孩子早期对整个世界的描绘，就显示出他成长的切身体验。但是，孩子绘出来的画，也显示出他对于实际生存环境缺乏意识。如果只是考虑到整个解剖学与生物学的细部架构，而不去理解孩子的内在知觉的互相矛盾，研究孩子绘画将变得毫无意义。

爱丁堡华德福学校老师的那种敬业和献身精神给我留下了深刻的印象，他们不用备课教案讲课，所讲的内容好像都是自己的知识，没有给人照本宣科的感觉。4个星期的实习让我进一步理解华德福教育的精神。为了准备一个小时的课，常常花了我整个晚上的时间。当时我就想，很显然，如果要成为一名合格的华德福学校的老师，我还有一段很远的路要走。

世界是真的——华德福的中学教育

华德福教育的高中课程中最精华的地方是通过艺术、文学和科学来探索人类生活的深层意义，他们生活在备受尊重和有尊严的环境里，被一群有理想、有抱负的老师引导，哪怕学习成绩不怎么样，对他们以后的生活都非常重要。孩子在青少年阶段，最需要被尊重，被引导，同时也有机会平等地与老师交流和对话，让孩子感觉到存在的意义和价值。

在牛顿发现万有引力后，人们就开始进一步探索天体运动的原理。有人问牛顿，最初地球是如何开始运动起来的？他一时想不出答案，于是开玩笑说："是上帝踢了它一脚。"从此，牛顿花了20年的时间研究神学。

达尔文是英国皇家神学会的生物学家，奉命随远征船队到加勒比海考察，5年后回到英国，他却用《物种起源》来告诉皇家神学会，人类是由猿猴演变而来的。在人人都相信上帝创造人的时代，物种起源理论却成了自然科学的奠基石。

当科学技术给人类带来物质丰富和生活方便时，人们便极力推崇科学技术以至达到神圣的地位，科学技术成了一种信仰。但是，科学技术不仅不可能提供人的价值标准和存在意义，也不能合理地对行为的道德规范作出判断，更不能回答很多未知领域存在的问题。如果科学技术缺乏人文价值的指导，科学技术找不到来自人文的理想，科学成果的应用就会失去真正的意义。例如，人们可能用原子弹来威胁着人类的存在，而不是用来造福人类。如果人文精神和价值缺乏科学性，信仰会变成荒唐的迷信，在荒唐的价值观指导下，结合了现代科技，造成的后果肯定会是不堪设想的。

鲁道夫·斯坦纳认为："现代物质科学是化整为零的科学，把物质细分到分子和原子，人类科学把人细分为类、属、种去研究，这都是从总体中取出一部分，只能给予人们局部的真理。人类的心灵深处是复杂多样的，不能用物质科学中符合逻辑的概念来解释人，只能通过艺术性的方法来领悟和从精神科学中去探索，有心灵精神的科学应该是寻求知识、艺术创造、信仰奉献与内心的和谐。"于是，他建立了融合科学、艺术和信仰为一体的华德福教育，希望人类在这种和谐中全面平衡地发展。

华德福学校在艺术、科学和信仰等方面的教育平衡地进行，表现在学生对自然界进行科学研究时，同时学会用艺术审美的眼光去观察，用心去体验，用手去创造。以这种方式进行科学研究可以帮助他们找到科学探索所带来的意义，并用不同的视角去认识物质世界。学生不但可以发现一个真实的世界，同时也发现了一个美的世界，而真实就是美，美也是真。

华德福学校高中阶段的自然科学课程包括生物、星象、气象、地理、化学、物理和机械学等。在教学中，首先让学生观察实验和现象，然后描述感受和体会，再来分析事物的前因后果，最后用自己的语言概括理论。当学生学习动物学和植物学时，把动植物与自然界当作一个有机联系的生命体来研究，他们不仅是用显微镜去观察尸体和细胞，获得死亡的知识，而且是研究生命由生至死的整个过程，掌握生命的知识。他们定期观察动植物不同的生长时期，制作不同生长阶段的标本，并用丰富的美术方法记录和描绘生命的整个变化过程。他们在物理、化学实验报告中的插图，就像美术课的艺术作品那样精致。学习人体知识时，紧密联系化学中的矿物知识和动植物知识，然后从物理学的角度研究人体的机械和物理现象，再从生理学的角度了解人体各部位的结构和功能，最后学习生理卫生和健康知识。同时，在艺术课上学习人体时，他们画人体素描就像研究科学那样精确。

高中阶段的青少年学生，心理进入了对比（正反）阶段，这时思想走向独立的开端，他们自己会辨别真假、是非、黑白、好坏和善恶，而对事物进行非此即彼的判断，很容易走极端。在艺术表现时，他们喜欢黑白而不喜欢彩色，因为他们把黑白看成两极对立的象征，自然而然地将黑白理解为光明和黑暗的象征，在艺术中对光和影的探索，象征着寻求光和黑暗，黑白艺术的教育引导学生去征服一个光和影的世界。通过比较，理解美学意义的光和颜色，物理学中光的科学分析、光谱理论，以及歌德的光学和颜色理论，向学生提出了宗教意义上认为神就是光的问题。科学和艺术的学习自然而然地引导他们达到追求真的顶峰，并了解人的深层意识、思想状态和存在的意义。

华德福学校高中阶段在人文、艺术和科学课中都非常注重培养学生的独立思考和判断能力。老师鼓励学生挑战权威，不轻易相信像"根据科学研究或统计数字的结果"之类的结论，老师客观地陈述各种理论和观点，不加任何的个人观点和偏见。例如，在讲社会发展史时，老师就像一个真正的共产主义者那样讲解共产主义社会以及共产主义理想，同时也像一个真正的资本主义学者那样讲解资本主义社会以及资本主义理想，让学生提出疑问，并自己去判断和定论，以培养学生科学的和自由独立的思考能力。在分析现实社会和生活问题时，要求学生针对这些问题做社会调查，提出解决问题的方案，培养社会责任感。

在九年级以上的高中阶段，没有因为文化科学知识程度和课程的增加而忽略了艺术教育，却仍然把艺术课当作主题课来修。艺术课程中还包括了戏剧、声乐、乐器、韵律、色彩、绘画、木雕、编织、泥塑、金属艺术和其他工艺。高中的艺术教育不仅仅是技术和方法的学习，而是更深入地学习和研究不同风格的艺术和艺术思想，由专业老师自由地选择有关资料，着重教学的艺术性。老师常常以艺术家的生平故事为线索，分析其思想、生活和艺术风格，着重于人的情感和心灵的探讨。如在介绍达·芬奇的生平故事时，引用他的妙语："那些达不到自己理想的人也能去思考和尝试，并做一些力所能及的事。"引导青少年去思考人生的意义。

对华德福教育有些了解的人也许都听到过，或根据自己印象而进行判断："华德福教育的幼儿园很好，小学一般，高中就不考虑了。因为孩子还是要融入社会，他们必须善于参加考试以便适应主流教育的评价体系，免得太另类而被主流社会孤立。" 理智一些的人也许会说："华德福教育的文科、音乐和艺术很好，可是理科和数学就不怎么样，不过，可以在孩子八年级之后，再转到传统学校去学习，通过强化学习补习应试能力。"不得不承认，我也被这种论调迷惑过一段时间。我也认识不少华德福毕业生，根据我的印象，好像这些论断也成立，并动摇过对于华德福高中的信念。直到2008年，我才坚定让孩子上华德福高中的观点。

　　2008年，我有一个机会带着3个孩子去了加拿大农场和治疗中心工作半年。当时，我的3个孩子都在温哥华岛旭日（Sunrise）华德福学校上学，我以家长的身份去学校参观访问。接待我的老师30多岁，她也有一个孩子在我小儿子的班上，她自己也毕业于温哥华的华德福学校。参观完之后，我们就坐下来聊到高中的事情。她在温哥华的华德福学校从幼儿园上到八年级毕业。后来，她的父母要离开温哥华，她就没有上华德福的高中，不过她还是跟同学保持密切的联系，而且假期也常常在一起玩。她发现自己的创造力和心智成长好像一直就停留在八年级，而她的同学却是那么的丰富、有趣和具有创造力，相处起来也很愉快，她的同学在艺术、音乐、天文、音语舞表演等方面的进步，像磁铁那样吸引着她，并感觉到曾经他们是一样的，但是现在差距很大。当时，她并没有反应过来是教育的不同造成了这一切的不同，所以，她也没有跟父母提出想读华德福高中，直到她进了大学之后才意识到这个问题。她的例子让我感觉到非常震撼。

　　另外一个例子也非常让我吃惊，就是她的同学，现在是旭日华德福学校五年级的主班老师，这位老师的父母都是温哥华华德福学校的老师，她一直在华德福学校上到高中。高中毕业的她，音乐和艺术都达到了艺术学院毕业的水平，她喜欢画画，办画展，也教学生大提琴。最让我佩服的是，她离婚之后，带着3个孩子从温哥华搬家来温哥华岛的旭日华德福学校。她当主班老师，并自己照顾3个孩子，很巧的是，她的3个孩子跟我的3个孩子年龄差不多，因此，我有两个孩子跟她的两个孩子同班。更巧的是，张俐老师也是五年级的主班老师，张老师最近还在她的班上听课学习。我不是说能当华德福老师就厉害，我想说的是这种生活能力和态度很让我很惊讶。

　　我在加拿大农场工作的经理也是她的同学，他也有3个孩子，他的大女儿跟我的女儿同班，并且是最好的朋友。这位朋友的父亲也是温哥华华德福学校的老师，并且当过加拿大人智学学会主席多年。就是因为我认识他的父亲，才来到温哥华岛工作。我们一起工作，并有很多交流，我也能从中进一步了解华德福高中是什么回事。我问他是否感觉到与主流教育不同，他说他的好朋友中，大部分都不是华德福毕业生。我问他跟他的朋友交流状况如何，他说，如果他认为对方不能理解，他就不一定说。但是，他感觉到他的朋友们却没有什么东西让他理解不了的——这就是差距。不能说他很成功，但是的确，他给我留下了很好的印象。

　　很多父母都希望孩子能有成就，获得成功，甚至富贵荣华，这都只能是父母的愿望。华德福教育至少能帮助孩子学习自如、坦然地面对生活，并能在平凡的生活中找到自己的位置，至于能否有成就，甚至富贵荣华，应该是孩子自己的事情，如果他们认为有必要，他们自己会去追求。

　　华德福教育的宗旨之一是让孩子成长为自己，他们应该有自己的思想，有能力为自己负责，能把握自己的生活，并能感觉到自己是一个自由而有价值的人。华德福教育在幼儿园阶段，其实已经为孩子的人生打下了重要的基础，小学阶段就是在这个基础上顺势成长和丰富，而在高中阶段则是形成孩子独特个性的阶段。

　　2010年，为了让孩子上华德福高中，我第二次来加拿大。出发前，我的女儿已经通过Facebook了解到她很多以前的同学都不会上华德福高中，她也不太想上。后来，我告诉她温哥华岛上的Island Oak华德福高

中，是由成都华德福学校的英语老师Monica参与创办的，当时Monica
老师为了自己的女儿上华德福高中，和朋友一起在自己的家里办了高
中，两年后搬到Duncan（邓肯）镇上现在的地址。当时，我的女儿希
望随大流去一所有2000多名学生的公立高中，因为她很多朋友都在那
里。最后的妥协是她先在Island Oak华德福高中上一年，（因为我已经报
名注册了），一年之后，如果她实在不喜欢就转校。

可是她上了Island Oak 华德福高中后，非常喜欢这所学校，她总是
对弟弟说："你们一定要来这所高中。" 她的老师也是温哥华华德福高
中毕业的，在温哥华做建筑师和房地产开发，现在是数学、化学和生物
老师。这位老师大学是学化学的，可是自学了建筑设计，同时在数学、力
学、材料学和化工方面都很强，而且他也在公立高中教过数学，这也说
明了华德福学校毕业的学生不仅仅是擅长音乐和艺术，而且在理科方面
都颇有成就。这所学校最多学生的时候是66名，而当年只有36名学生。
女儿也已经习惯了规模小的学校和班级生活，这样全校的学生都有机会
成为朋友。上学第三天，Sunrise 华德福学校的五年级主课老师的儿子
Martin也从那所2000多名学生的高中转回华德福高中了。Martin与我
们分享了他在那所拥有2000多名学生的学校的学习经历，让这些选择
了华德福高中的孩子们庆幸没有去。我曾经问过Martin的妈妈，为什么
让他自己选择学校。

她说："我比较了解他，我坚信他会回华德福学校的，就让他自己选
择。"

我又问，"如果他不回华德福高中呢？ "

"如果是这样的话，我以前让他上那么多年的华德福学校就是错误

的选择。"

华德福教育的高中课程中最精华的地方是通过艺术、文学和科学来探索人类生活的深层意义，他们生活在备受尊重和有尊严的环境里，被一群有理想、有抱负的老师引导，哪怕学习成绩不怎么样，对他们以后的生活都非常重要。孩子在青少年阶段，最需要被尊重，被引导，同时也有机会平等地与老师交流和对话，让孩子感觉到存在的意义和价值。

华德福高中阶段课程实施方式有点像研究生阶段的教育方式，如启发、体验、研究和实践，最重要的还是老师带着客观的、不带偏见的方式去看任何已经被添加过色彩的历史、人物和科学定论。在培养学生思考和判断能力方面，华德福学校有很多过人的重要手段，他们不仅仅是教书本上的知识，以便累积很多二手知识，这些二手知识也许对他们的考试有帮助，但是二手的知识对他们日后的生活、处理生活的危机、对管理自己的内心世界没有任何帮助。

华德福学校培养孩子这些能力，很多时候是工夫在外。他们有很多户外的活动，如滑雪、独木舟、漂流、野外生存训练、跟本土的印第安人学习手工艺、音乐，校内校外的公共活动，跟国内外的学校进行交流等。这些活动都有学生的参与，他们在与老师、同学的合作中学习到的东西比书本知识更重要。

美国纽约华德福中学

"其实，我是在故意鼓动学生的情绪。在上课之前，我就已经跟那位加拿大学生'串通'好了，像演戏那样把那一节课上得很精彩。"

1997年9月，我在美国纽约春之谷攻读华德福教育的硕士学位时，在绿茵华德福学校实习。这所学校跟华德福教师培训学院只相隔一条小溪，很多未来的华德福学校的老师都在这所学校实习。我在绿茵华德福学校十年级听历史课，老师是哥伦比亚大学的一名在职博士研究生，在绿茵华德福学校当兼课老师。在那天的历史课中，她先讲述了印度教的"等级制度"，佛教中瑜伽修炼的精神进步级别和基督教的教义之后，让学生讨论对宗教的看法和个人信仰。从学生的讨论中发现，他们都相信存在有超越物质的精神世界，努力去寻找自己所相信的，并能支持和引导他们的"神"，在烦恼和痛苦时会向自己的"神"倾诉，祈求平安和得到生活智慧的启发。

一位女生说："我相信有一股强大的力量在主宰着地球乃至宇宙的一切，但是我不相信，那个穿着白衣服的人物（指《圣经》中描写的耶稣）会下来拯救我，我不在乎天堂和地狱之类的东西。我相信我的天使在引导我，我会在睡觉前跟天使沟通，希望她能帮助我度过美好的每一天。"

一位男生说："其实，神是人想象出来的，是根据自己的生活经验来造出符合自己意识的神。从耶稣和天使穿的衣服可以看出，耶稣不是亚洲人的神，佛陀穿的衣服也说明佛陀不是欧洲人的佛。但是，为什么亚洲人也信基督，欧洲人也信佛呢？因为，信基督的亚洲人其实是欧洲人的灵魂在亚洲人的躯体中，信佛的欧洲人其实也是亚洲人的灵魂在欧洲人的躯体中。灵魂依然是那个来自本土的灵魂，如欧洲人穿上日本和服也成不了日本人，亚洲人穿上西服也成不了欧洲人。每个灵魂精神都要找到自己的精神家园，所以人并不因为种族、肤色、语言和贫富的不同而不同，也不是由于宗教信仰和精神的不同而不同，同一精神屋檐下的人才是同类的人，因为灵魂精神才是人的真正代表。"

我在十一年级听历史课时，有一位从加拿大来的实习老师也在那个班实习。历史课老师讲解了美国的政治和政府结构之后，详细解释了美国政治三权分立的具体运作。这位老师以肯定的态度和欣赏的方式描述美国政治的优点，然后说："我们非常幸运，能够生活在这个自由的国度里，可以选择国家的最高统帅，甚至可能被选为国家的最高统帅，但是很多国家的人民却很不幸，如加拿大人不能选举总统，只能选择党派。"最后她总结了一句说："所以，我认为美国的政治是最完美的政治。"

说完之后，来自加拿大的实习老师马上站起来说："但是美国是工业发达国家中问题最多的国家，美国有这么好的政治结构，为什么解决不了那么多问题？如在控制枪支问题上，在消灭贫穷问题上。加拿大不像美国那样竞选总统，是因为我们不想浪费那么多社会财富，结果却选出一个比另外一个钱少一点的、不那么混账的人当总统，半斤和八两，你如何选？你们有什么问题吗？"说完马上就有同学举手，但是历史课老师先让我发表我的看法。

"美国的政治体系只能算是坏的政治体系之中最好的一种，因为目前世界上还没有全球都公认的、好的政治体系，美国的政治体系只是一部分人自认为是好的政治体系而已。民主政治最根本的一点就是一人一票进行投票，通过投票来做决定的结果是少数服从大多数。那么，如果你刚好是处于小部分人群中，政府就不能代表你们了。对于那小部分人来说，就是不公平了。但是，真理往往是掌握在小部分人手里，如果大多数人都掌握了真理，社会就不会像现在那样令人不满意了。民主政治另一个特点是三权分立，相互制衡，但是制衡的结果往往是互不相让、互不合作。名义上是为了民主和公正，事实上，很多时候都是在浪费纳税人的金钱和时间，缺乏效率。如一件简单的事情，需要讨论来，争论去，甚至是一件毫无意义的事情。如克林顿总统的桃色丑闻，名义上是司法公正，但是却花了几千万美元仅仅是为了得到克林顿总统的一个抱歉。一个解决的方法就像无国界医生组织那样，该组织就是因为不能忍受国际红十字会那种缺乏效率的'民主程序'和官僚作风而脱离出来，成立了自己的组织。只要哪里有战争，他们都是第一时间赶到现场去救护伤员，该组织不久前才获得诺贝尔和平奖。"

我发言之后，在学生中引起了三种不同的立场，同学们很快就知道他们的立场在哪一边，立场相同的同学站在一边，开始了一场激烈的辩论。老师让那些对这些话题不感兴趣的同学做记录，并整理成报告再发放给大家。但是，我对那位老师在上课过程中流露出过分的爱国热情和自豪感表示非议。下课之后，我找她讨论，她说："其实，我是在故意鼓动学生的情绪。在上课之前，我就已经跟那位加拿大学生'串通'好了，像演戏那样把那一节课上得很精彩。"

华德福的成人教育

教学和处理孩子的问题就是老师发展自己的载体，老师把学生的成长和问题带进自己本能的生活中去，学生的成长过程就成为老师帮助自己实现内在的成长和完善的过程。

记得刚到英国爱默生学院不久，学校安排志愿者到农场去体验农场生活，全班同学20多人一起跟着拖拉机在地里捡洋葱。我想，如果我的父母知道今天来这里捡洋葱肯定无法理解到田里捡洋葱也是我留学的课程。他们做梦都不敢梦那个"农"字，让我为了脱离"农"字而拼命上大学，我却到英国之后又回到农地里。当时，我在猜想也许是西方人离开田地太久了，现在他们需要回到田地里去，才能感觉到生活的真实性。后来，通过学习华德福教育而发现：农业是人类在地球上的基本生活活动，通过农业和劳作，学习和体验植物、动物、季节、气候、星象、宇宙的奥秘，对大地热爱和感恩。基于这种情感和责任感的支配，学生才会对工作、自然和人类本身赋予自然之爱和积极关怀，也只有跟自然融合为一体，人才学会尊重和珍惜自己以及他人的生命，这样才能找到生命存在的意义。

华德福教师培训的首要任务是先了解自己，课程通常从个人的自传开始，了解人的本质，人类的意识发展，人和世界的关系。很多课程和课程的实施方式，其目的就是让未来的老师学习找到自己和自己的方向。只有老师自己有这种体验，才能帮助他（她）的学生去寻找。大部分人从学校出来进入社会之后，为了生计而耗尽了所有的生命，彻底忘记了生活，忘记了自我。如果人不清楚"你自己是谁？从何处来？往何处去？要做什么？该做什么？认识人是什么？人的生活价值何在？人与人之间，人与世界万物之间是何种关系？你在社会和群体中扮演什么角色？"，就可能找不到隐藏在每个人灵魂深处的那个"自我"，也许永远都不能迈进生活，通俗一点说就是"生活找不到北"。

在华德福教育的教师培训中，有一门课叫自我发展（Self-development）。这门课完全取决于个人，如何发展自我在书本上是找不到标准答案的，只能在具体的工作和生活中去感悟、自律和自我完善，认识老师和学生建立起来的精神层次的关系。只有建立这样的关系，老师才有可能真正地了解学生的本质，以及跟学生进行心灵沟通。教学和处理孩子的问题就是老师发展自己的载体，老师把学生的成长和问题带进自己本能的生活中去，学生的成长过程就成为老师帮助自己实现内在的成长和完善的过程。没有任何一本字典能给老师这种活的知识，只能渗透到可塑性的行为和活动中去了解。

吴蓓老师在英国爱默生学院学习回国后，写了一本书——《请让我慢慢长大》，书中可以看到华德福教师的个人成长历程。在英国爱默生学院的学习和生活中，从教师的身上，我能看到"人类灵魂的工程师"的真正含义，因为老师的个人精神魅力，感染着每一位学生的奋斗和努力。每位学生都能从教师那里获益匪浅，同时也使我深深地意识到为人师表意味着什么。

　　李泽武老师从英国爱默生学院学习回国后，将所见所感汇集成一本书——《重新学习做老师》，和别人出国留学不同的是，他出国留学不是去学那些热门的管理、电脑、经济或会计等专业，而是去学习如何当一名华德福学校的教师。爱默生学院的学习课程不是堆积一些将来可以在教室里使用的固定知识，而是让未来的教师自己创造。

　　《重新学习做老师》中有一节写到做木工。

　　谁会想到我在英格兰留学做木工活。任务一个，最后一期利用7周每周一下午的一节木工课做一个木勺，地点是在以前我实习的Michael Hall 学校。第一次上课是一个阴雨连绵的下午，老师是该校的木工老师，这里的木工房工具非常齐备。这个木工老师大家彼此都比较熟悉，他让大家选择做木碗或是木勺，我选择了后者。他首先介绍不同的木质，然后拿出学生的作品让我们观摩。有的学生的作品就是艺术品，漂亮的线条，精细的做工，光亮的纹理，赏心悦目。望着发到手中的一大块木头，如何把它变成一把木勺，我没有一点概念。于是，老师手把手地指点我，先用铅笔在木头上勾形，然后用凿子打掉多余的木头，再用木刀创出雏形，一步一步，全班男女老幼都挥舞着木锤，用手用心一刀一刀地刻画着自己的想象力和创造力。平时长时间的学习、思考，动手的时候比较少，现在甩开膀子地向着夯硬的木头前进。浑身用力，身上出汗，但两节课下来人感到非常轻爽。在一刀一划的专注中把许多事情都抛在一旁，给身心一个不错的调整和休息，我想这就是平衡和全面发展。经过数周的努力，我的饭勺做成功了，望着饭勺边缘的流畅弧线，心中有收获的喜悦。手工做一个东西和机器做一个东西感觉完全不一样，它融进你的智慧、情感、体力、审美、个性，通过我自己的体验，这种对作品的亲近感，对物的认同感更是教义之外的教义。

华德福师资培训学院通常规模很小，典型的学院大约有100名学生，但是他们来自世界各地，所以这里是真正的国际学校。课程以华德福教育、人智学、农业、治疗、人文基础和艺术为主，同时也有其他短期课程。所有的学院都是非盈利机构，不同国家的收费也不同。这些学院跟国外的一般大学很不一样，注重人文生活，注重学校里人与人之间的和谐和温暖。

我去过很多华德福师资培训学院，深有感触。除了这些独立的学院以外，也有一些国家在大学里开办华德福教师培训课程，或跟这些学院联合办学，如英国的普利毛斯大学（Plymouth University）这样的一般性大学，就开设了华德福教育课程和专门培训华德福老师的课程，学生毕业后可以在华德福学校教学也可以在其他公立或私立教学。美国安提克大学（Antioch University）就有一个独立的华德福教育学院，这个学院的毕业生可以同时修公立学校和华德福学校双证书，甚至可以授予硕士学位。此外，德国、英国和美国还有一些独立的华德福教育中专业性更强、规模更小的学校，如音语舞学校或艺术学校。

华德福师资培训学院状况如下。

专业学制：人智学基础一年，华德福学校的中小学教育和幼儿教育两年，艺术和其他短期课程，其中有些学校也有英语文学、音乐、美术、韵律舞、雕刻和有机生态农业等2~3年制的课程。

毕业情况：从华德福师资培训学院毕业，都能获得教师专业资格证书，相关的艺术课程也能得到相应的资格证书，全球的华德福教育学校都认可这些学院的证书，毕业生可以在全球范围内工作。但是，很多国家要求有当地政府认可的学位才给工作签证，因此，如希望获取学位，可以把学分转到其他大学去继续攻读学士或硕士学位。

申请步骤：所有的学校都有网页，Google一下就出来了，仔细看完学校的介绍和课程安排，同时看看相关的链接。在跟学校联系之前，务必对华德福教育和人智学有所了解，至少你能说出对华德福教育和人智学的认识。

如何申请：申请时可以先给学校发邮件，表达你对华德福教育、人智学、人智学的医学（Anthroposophical Medicine）、韵律舞（Eurythmy）、活力农业（Biodynamic Farming）、艺术或人智学的其他领域感兴趣，同时可以写你的个人传记。个人传记中包括你的孩子和少年时代，生活中的片段和困扰着你的生活问题，一般为2000~3000字为宜。其中要包括你对人智学和华德福教育或其他学科的认识和感受，以及认识和了解的过程，并表达你对华德福教育的热情。文中要注意回答如下几个问题：你是如何知道或遇到这个领域的？你学习的目的和学习华德福教育之后将来的打算？你所了解到的华德福教育是怎么样的教育？你为什么要学习华德福教育？你的经济状况如何？你希望得到什么帮助？

要全面、系统和深入地学习华德福教育，我建议，还是要争取去国外的华德福师资培训学院学习。学制一般是2~4年，如果要获得硕士学位，在德国和挪威要用5年。美国和澳大利亚学制通常是2年，英国、南非和新西兰是3年，德国和其他欧洲国家通常是4年，当然也有例外情况。

英国爱默生学院

窗外不远处，一群荷兰奶牛散布在草地上，有的埋头吃着草，有的悠闲地躺在草地上，像农忙之后的老农闲得无聊。几只野山鸡，唱着特有的调子隐隐约约地在林中穿梭着。林中一部分过早地感觉到秋风的叶子已经变黄，点缀着葱绿的草地，无论从哪个角度举起照相机，闭上眼睛都能拍出一幅油画般的风景照片。我在这个房间住了一年，在相同的角度拍下了四季的不同景象；但是，照片上的景色永远没有我记忆中的清晰。

英国爱默生学院曾经是英语国家中，历史最长，质量最好的华德福教师培训学院，这所学院的毕业生很多都是全球华德福教育的领军人物，可惜最近停办了教师课程。如果有能力有机会出国学习华德福教育，尽管不是为了当华德福教师也是值得的，因为这种学习才是真正的学习，我们之前的学习其实只是为了应付考试或混文凭，就是学到了一些实际上的"二手知识"，因为大部分人对自己所学习到的东西没有深入的感受，也没有内化，更未能转化成为自己的体验。我来分享一下自己去爱默生学院学习的经历吧。

1995年9月22日，我从香港飞到英国伦敦。根据学校给我的详细介绍，从西德罗机场出来之后，坐一个小时的机场大巴到格维特机场，再从那里坐计程车到学校。坐在大巴上，我像在梦中一般：宽敞的巴士里，两排座椅面对面，中间的小桌板看起来跟咖啡厅的没什么两样；车里播放着幽雅的音乐，衣着整洁的先生和太太们在闭目养神或一边看书，一边喝免费咖啡。我兴奋得真想马上找个人聊聊天，但看到他们都陶醉在自己的世界里，我只好观看窗外的景色。高速公路两旁，每一个农庄、每一座建筑物、每一棵树和每一辆经过的车辆，甚至每一个路标都是我注意的对象。无论《简爱》和《傲慢与偏见》之类的电影和小说看过有多少遍，沿路所看到的英国乡下和农庄景色仍比我想象中的还美，整个人如同走进油画里，感觉不到自己的真实存在。

学校坐落在离伦敦50公里以南的乡村里，学校的主楼是一座18世纪的豪宅，另外一座造型特别的大建筑物和周围几座稀稀落落地分布在树林中的公寓式房子组成了小小的校园。一下车，一位女生便笑脸迎接上来，我还来不及反应，她已经叫来几位男同学七手八脚地把我的行李扛起来。很快，他们把我带到学生公寓里一间已经贴上我名字的房间里，并帮我打开窗户通风。学生公寓看起来像一座高级的乡下度假村，一共有9个房间，每位学生拥有一间十几平方米的独立房间，洗手间、浴室、电话间、衣帽间和厨房都是公用的。我住在二楼，窗户朝西。

窗外不远处，一群荷兰奶牛散布在草地上，有的埋头吃着草，有的悠闲地躺在草地上，像农忙之后的老农闲得无聊。几只野山鸡，唱着特有的调子隐隐约约地在林中穿梭着。林中一部分过早地感觉到秋风的叶子已经变黄，点缀着葱绿的草地，无论从哪个角度举起照相机，闭上眼睛都能拍出一幅油画般的风景照片。我在这个房间住了一年，在相同的角度拍下了四季的不同景象；但是，照片上的景色永远没有我记忆中的清晰。

要成为华德福学校的教师，无论是来自于哪种背景，无论其学历有多高，一般都要接受2~3年不等的培训。当时，我们班上一共有26名来自17个不同国家的学生，每个学生都有各种各样的背景：有来自日本大学的数学教授；有来自丹麦的华德福学校在职培训教师；有一对英国老夫妇，老先生原来是中学校长，老太太是中学语文老师；有一位来自土耳其的政治异议人士，他曾经为政治问题坐过四年牢，德国政府给他提供政治庇护而到英国学习。这些来自四面八方有着不同年龄以及资历的人对华德福教育都有一个共同的期待。

培训课程包括学习鲁道夫·斯坦纳的人智学理论，华德福教育的理论，教学大纲和艺术化的教学方法，以及大量的艺术训练。艺术课程包括水彩、泥塑、木偶戏、话剧、木雕、韵律舞和演说等，希望通过艺术让未来的老师学会创造。教师培训的实质是引导未来的教师走上自我内在发展的道路，其形式包括自身灵性修炼、艺术熏陶和艺术疗养，以及在群体工作和学习中学会共同进步。

第一个阶段的学习内容有斯坦纳所著的《如何知道更高的世界》（How to Know the High World），巴比伦和爱琴海文明等世界的古老文明；还学习古埃及的神话故事，歌德的色彩学和歌德科学、投影几何、水彩和韵律舞课。

第二个阶段的学习内容有斯坦纳的《神智学》（Theosophy），同时有音乐、泥塑、雕刻、农艺和人的意识发展。

第三阶段的学习内容有斯坦纳的《自由的哲学》（Philosophy of Freedom），以及东西方艺术史、木偶戏、话剧、自传、讲故事、写作和演说等。

授课的方式十分特别，如上歌德科学课，老师让学生自己选取一株植物，定时去观察和描绘，同时以日记、绘画、写诗，甚至创作乐曲的方式去抒发自己对这株植物，对天空、自然与心灵的感受。学完这个课题后，在班上展示个人所学所得。在自传课时，二十多名同学分成几个小组，一个主课老师带一个组，每个人包括老师在内都要讲述自己的人生片段，回忆自身成长的经历和体验，回忆第一次的记忆，讲述人生中低潮和高潮的生活体验，有的人甚至泪流满面地给大家讲一些从未告诉过别人的故事。这门课的目的是在时间和空间的穿梭中去解读自己和周围同胞，认识人从何处来，到何处去，自己是谁，为生活和人生找到准确的定位和方向。

每天早上8:30~9:00是唱歌时间，唱歌的内容包括节奏练习、民歌、儿歌、圣歌和各国民歌等，形式有齐唱、重唱和合唱。唱歌既是对乐感、节奏、吟唱等方面的训练，也是热身，能振奋精神、唤醒沉睡的身体，对当天的学习活动颇有裨益。每一天上课都是这样开始的，有时也用游戏代替，这种学习几乎贯穿整学年。

华德福教师培训课程让学生从文化和艺术史去了解人类的意识发展和人类文明的变迁。在学习每一个文明之前，老师会找来很多这个文明时期的图片让大家选择一张临摹，如讲中华文明的时候，老师让学生临摹中国的山水画，让大家从感性和细节上体会这个文明以及当时人类意识特性；同时去参观大英博物馆，在那里去体会古巴比伦文明、古爱琴文明、古埃及文明和古希腊文明，通过艺术来研究古代的意识发展；接着，参观伦敦国家画廊，从中世纪到近代的欧洲绘画作品中，找到意识发展到个体发展阶段的象征；之后，参观泰特（Tate）现代艺术馆，从现代的艺术作品中看到了个体意识已发展到极致，到了孤独的自我发展阶段；最后，到法国夏特尔（Chartres）参观中世纪的天主教堂，在那里唱圣歌，作速写，听和讲神秘的传说《圣经》故事，并通过个体和群体的学习活动感受文化和意识的发展史。通过几个星期的学习可以清晰地了解到从精神主义到理想主义、从理想主义到物质主义、再从物质主义到现实主义这样一个意识发展过程。

华德福教师培训的美术课非常特别，老师让学生用三种基本水彩颜色，在湿的纸张上"玩"，不需要有画出什么或想画什么的意图，只要注意感受这些颜色的内在反应，去体验这些颜色的变化。有时，老师讲一个童话故事，然后让学生只用颜色来表达这个故事的本质，甚至只用一种颜色来把内心世界表达出来。

最初，我对此毫无感觉，也无法理解开设这些课和华德福教育有何联系。毕业之后，我教孩子们用水彩绘画时才真正明白这种培训方法的用意。这种培训是为了让色彩真正地向你倾诉它的奇妙和美丽，显示其来自灵性世界的神圣，体验其与自己的内心世界的联系；并帮助我们，包括那些曾经是美术教师的学生打破固有的思维模式，培养接受不同思维方式的能力，发展丰富的想象力和创造力。

我们热心为孩子所作的一切都充满对宇宙的感激，我们尊重孩子的自由是不可以让这种自由遭受践踏，因为我们为这种自由而教育孩子，让他们自我的自由能置于世界之外。

——鲁道夫·斯坦纳

第三部分

华德福教育的特色

艺术是华德福教育的核心

古希腊哲学家柏拉图说："和谐与灵魂的道德品质是由一种美的情感所决定的，正确的教育就是使一个人能够很快地发现那些艺术品或自然中存在的缺陷，而这些丑陋的东西是他不喜欢的；同时他也能发现那些自己高兴见到的美的东西，这些美好的东西将成为他自己的东西，并且融入自己优良的品格当中。"

鲁道夫·斯坦纳提出：教育是一门艺术，艺术是生命的塑造者。追求人性的觉醒，可以从科学、艺术和所谓的"自由宗教"这三方面来看。现代科学的起源其实是有人性基础的，一般人错误地认为物质化的现实是真正的现实；其实，物质化的现实，只是思考活动下的产物，由不断地思考和寻找自己日常生活的关系而缘起的学问，被当成科学。艺术最初是人们为了显扬宗教生命而产生的，后来渐渐成为一种文化活动，甚至商业行为。不过，这种现象并不会改变艺术对人的精神所产生的影响。华德福教育也把艺术作为认识生命，学习和创造的一种工具，只有通过艺术活动和具有艺术性的生活才能把理想变成现实。所以华德福教育的艺术教育综合了建筑、雕塑、绘画、音乐、演说、韵律舞和社交生活等七项艺术活动。

教育的真正意义是滋养人的心灵和丰富人的心灵生活，同时也是滋润心灵深处的同感力（Sympathy），使得人与生俱来的意志和愿望产生本能的反应，通过良好的艺术形式来表达人心灵深处的活动。行为、人格良好和艺术良好的关系是密切的,而且是同等重要的,良好的行为也是艺术美的一种形式,在艺术创造中不断地完善良好行为和提高自身艺术能力,因此艺术形式和人的行为和谐是教育的重要手段。

教育必须是让孩子展现真正的自我,在自我展现的过程中,不断地探索自我的使命和位置。因为艺术跟人的感觉息息相关,通过艺术和艺术化的教育不仅直接丰富孩子的精神生活,培养健康的心灵和生活理念,而且让学生亲自动手进行艺术创造,亲身体验把理想变成现实的喜悦。艺术是通往精神世界的桥梁,是生命的塑造者,人对世界万物的真正理解都植根于人的感觉之中。

艺术锻炼了技巧、构型和风格,在艺术实践中,产生美感的源泉和寻找心灵的表达方式,发展了正确的感觉和判断。真正的艺术来源于看不到的内心深处,这也是人之所以为人而不是动物的原因。通过艺术的教育唤醒人更高的洞察和观象能力,进一步认识世界的面貌。因为,孩子在还不能够有意识地思考时,他们就开始用感情来回应身边的世界。孩子感受世界,一开始是图像,从图像中找到一个主意,这个主意就是形成意义的原始材料。艺术让孩子把他们所学的东西跟内心之间,建立一种实在的生活关系。而且艺术并不仅仅是通过物质来进行艺术表现,如诗歌可以表达语言以外的意义,做泥陶还可以造成另一种视觉,音乐带来另一种听觉。

正如古希腊哲学家柏拉图说:"和谐与灵魂的道德品质是由一种美的情感所决定的,正确的教育就是使一个人能够很快地发现那些艺术品或自然中存在的缺陷,而这些丑陋的东西是他不喜欢的;同时他也能发现那些自己高兴见到的美的东西,这些美好的东西将成为他自己的东西,并且融入自己优良的品格当中。"

艺术化的教育手段

华德福教育的教育艺术并非仅仅是指艺术课，比艺术课中更有意义的是通过艺术化的工作去塑造一个人。艺术化是指教学实施过程艺术化地进行。华德福的艺术化教育并非在孩子成长的某个特定阶段或某个年级，而是从幼儿园到高中贯穿着整个学校教育过程。

"艺术创造生命"这一点在特殊教育中非常明显，我在纽约寇培克（Copake）给智障人办的康复村中看到，那里的智障人士年龄大约25~56岁，他们被老师和工作人员称为"小朋友"，因为他们的心理年龄只有2~4岁的样子。他们也像其他的小朋友那样上学、玩游戏、照顾动物、做园艺、做手工等等。他们所做的一切都是艺术化地进行，包括吃饭这么简单的事。他们把午餐具、餐巾、鲜花等摆设得非常整齐，点燃大红蜡烛，一起念餐前的祈祷词表示感恩，一种严肃但又喜庆的节日气氛就形成了。他们在有爱心的老师的指导下做布娃娃、刺绣、木制艺术品和玩具，甚至做乐器等，这些手工品跟任何一个礼品店卖的一样。通过艺术化的指导，他们的双手也能做出精致的手工作品。

华德福教育的教育艺术并非仅仅是指艺术课，比艺术课中更有意义的是通过艺术化的工作去塑造一个人。艺术化是指教学实施过程艺术化地进行。华德福的艺术化教育并非在孩子成长的某个特定阶段或某个年级，而是从幼儿园到高中贯穿着整个学校教育过程。

通过艺术化的教育手段，丰富孩子在学校受教育时的精神生活，培养孩子健康的心灵和生活理念，通过艺术性的游戏、讲故事、音语舞、做作业、写主课本、做手工、各种演出等，让他们亲自动手进行艺术创造，亲身体验把理想变成现实的喜悦。

通过艺术化的教育手段，让学生内心产生原始的冲动，如阿纳托尔·佛朗士（Anatole France）说的那样"心灵的冒险"。让学生把学习和追求当作有趣的创造，而不是痛苦的工作。教学是在老师的帮助下，让孩子去发现、感受、思考和创造的过程。

在华德福学校的早期教育中，所有课程都贯彻着一种非常活泼的、强调感性认识的实验性方法。如华德福学校八年级以下，"美"为教育孩子的内容，在教育实践中用各种形式让孩子充分感受到世界的美，用美来滋养他们的灵魂，并唤起孩子对人、社会和自然的热爱，为进一步培养孩子的独立思考能力和判断力提供成熟的感性基础。正如英国华德福教育家弗兰西·爱蒙德（Francis Edmunds）所说的："艺术是表达心灵世界的语言，不但可以丰富孩子的情感和深层意识，而且可以培养个人的风格、洞察力和判断力。"

给孩子创造美的环境是艺术化教学的重要内容，因为美的环境确实会给孩子带来深刻的影响，华德福学校从教室建筑本身到课堂生活都应充满美感，墙壁的颜色，墙上的图画，装饰物的色彩，课桌的布置，板报的书写、绘画，以及教师的站立、走动、说话的方式，语气中幽默感和严肃口吻之间的平衡等，所有这一切都应从美学的角度来考虑。孩子们注视着、观察着、吸收着一切，而不仅只是通过美术课程的内容才产生美的效果和美的亲身体验，老师在传授这些课程内容时就是艺术的创造，如果只能体会一点点，无论这一刻有多么短暂，都可以证明艺术创造的潜力。

孩子都以艺术家的形象出现，老师不认为孩子所学的知识全部是他教的，老师所教的知识仅仅是孩子学会的一半而已，因为孩子已经有了自己的另一半，这是孩子心灵和精神部分，也是孩子自己创造的部分。在艺术化的教育实践中，老师尽量给孩子现象和创造的空间，一些未完成的材料和雏形，让孩子去完成。孩子拿起一根木棍可以当一个木马，骑在上面"驾！驾！"地跑马了，孩子给了木马心灵和精神，让马"活"起来就是孩子的创造。

孩子在7~14岁这一阶段，在环境中所见到的一切都将转化为内在的图画和形象，因此教师对概念的形成应做出艺术性的描绘，而不仅仅是学术上的解答。经过青少年阶段之后，学生形成了自己的学术性智力，并通过自我判断，开始从完全相反的事物中找到对比，从分析走向归纳，形成独立的概念和思想。随着智力的增长，他们会产生对理想和创造力的深切向往。

华德福教育的艺术课程，不是为了艺术而艺术。以雕刻课为例，雕刻课不是单纯的艺术课，它结合了几何、机械、设计、材料、植物和艺术意识等知识。无论是雕刻一个碗，还是动物、人物或艺术造型，在动手之前必须先有一个审美、构思、思考的过程；然后选择材料，在选择材料的过程中学习材料的性能、结构和本质，如木质的结构和年龄，通过动手雕刻来进一步认识材料。最后选择工具，学习使用各种工具和机械，包括机械的保养，这都是跟日常生活息息相关的知识。通过使用工具也可以认识到机械可以比人工做得更快和更好，但是缺乏艺术的灵魂。人可以创造一件艺术珍品，但是不能做到像机械做的那样快。如果用木头来雕刻一个碗，在每个星期两小时的雕刻课里，一节课只能完成一点点，经过每一次辛苦劳动之后，都能看到一点点的进步，同时也会给自己带来一些喜悦和满足。人必需的意志和毅力在艺术中得到了锻炼，最终可以看到理想一步一步地变成了现实，也就是一直停留在想象中的碗变成了可以观赏和使用的艺术品，这些微妙的教育会给孩子带来深刻的影响。

老师在陈列学生的作品之前往往会讲述《三只丑母鸡》的故事。故事是这样的：有一天，三只都长得很丑的母鸡，她们都认为自己长得比别人都漂亮。为此她们争论不休，结果有人提议去找国王评理。国王说："你们都长得很漂亮，没有比较漂亮的必要，不如你们比赛谁会下蛋吧！"在国王的建议下，三只母鸡开始比赛下蛋了。第一只母鸡下了一个非常大的蛋，大家都知道另外两只母鸡是不可能再下一个这么大的蛋的，于是，她很自豪地等待国王宣布结果。第二只母鸡下了一个不算大的蛋，蛋虽然不及第一只母鸡下的蛋那么大，但是这只蛋的形状和颜色乃是公认最完美的一个，这只母鸡也很自豪地等待国王宣布结果。第三只母鸡却不慌不忙地下了一个方方正正的、不大不小的蛋，在场的人大跌眼镜，从来都没见过这样的蛋，这可妙极了，大家都欢呼起来。国王高兴地宣布，三只母鸡都能产出非常有特色和个性的蛋，因此，她们都是非常好的母鸡，都应该得到奖赏。

讲故事贯穿整个教学过程

爱因斯坦这样说过，"如果你想使你的孩子优秀，请给孩子讲神话故事；如果你想使你的孩子卓越，请给孩子讲更多的神话故事。"

在华德福教育的课程实施过程中，很多内容都用讲故事的形式进行。尤其在幼儿园和小学低年级阶段，故事被当作孩子的精神食粮，老师通过多种方式给孩子烹调这些营养品，如做布袋戏、绘画或跳音语舞等，选择故事则需要针对孩子的意识发展需求和课程内容的需求，有些是现有的故事，有些是老师编的故事。到了高年级，故事更多的是人物传记，通过历史上的著名人物或伟大人物等的事迹和故事，学习历史、文化、思想和人的意识发展状态。

华德福学校每天的课程里都有故事，尤其在幼儿园和小学一二年级，讲故事是课程安排中很有意义的一个组成部分。通过讲故事和木偶戏表演，孩子们可以了解很多民间传说和神话传奇故事，这样可以发展孩子们的读写技能。老师在选择传说和故事的格调以及遣词造句方面要特别注意，要努力吸引孩子们的想象力。

老师凭借记忆力讲述故事，可以使用口语词汇、韵律诗，还有歌曲的趣味性等来吸引孩子们，使他们沉浸于其中并拓展其词汇量和锻炼他们的持久注意力。这些源于人类历史的民间传说和神话故事，为孩子们在行为举止等方面提供了可供效仿的范式。老师在讲故事的时候，要营造孩子们需要的那个心驰神往的故事世界，与他们情感世界面对面地碰撞。

倾听故事可以为孩子们学习演说、读书和写作做准备，这个道理在爱因斯坦的一句耐人寻味的话里得到验证："如果你想使你的孩子优秀，请给孩子讲神话故事；如果你想使你的孩子卓越，请给孩子讲更多的神话故事。"

老师选择故事的时候，必须考虑到故事的意义和作用。根据故事在课程中的需求，老师还可以采用不同的方式进行。各个民族的传统童话，如《格林童话全集》被广泛地应用到华德福学校的课堂中。老师选择的童话常常有以下的特点：

第一，故事中通常没有固定的时间、空间、地点和人物。例如，故事的开头常常是，很久以前，在一个古老的王国里有一位王子。

第二，故事总是有喜剧性的结局。例如，后来那个女孩和王子结婚了，过着幸福快乐的生活。

第三，故事可能就发生在你的眼前或你的周围，但有着魔术般的发展和结局。

在童话中常常可以找到如下几个问题的答案：世界是怎么样的，如何在这个世界上生活，生活的目的是什么，如何找到真正的自我，等等。

瑞典心理学家皮亚杰（Jean Piaget）认为：孩子不会区别精神世界和物质世界，在成人看来无生命的事物，在孩子眼里却都是活的、有意识的。如童话中的太阳、月亮、动物、植物，自然界中任何物体都能讲话，他把这一现象称为孩子的"万物有灵论（Animistic Thinking）"。这是孩子自然的精神活动，而不是理智的思维活动，形象化的童话世界与孩子的意识相吻合，因此，童话就是孩子真实的世界。

仔细观察专心致志玩耍的孩子，你就会发现他们常常把周围的世界与想象中的世界艺术般地结合起来，为自己营造一个梦幻般的世界。孩子的世界本身就是一个色彩缤纷的世界，就像在童话故事中被施了魔法那样，被一张"白纸"覆盖着，他们的成长过程犹如童话故事，经过不断斗争而挣脱魔法，揭开这层"白纸"来展现自己。当挣脱魔法展现出原貌时，梦幻般的世界便随着魔法即时消失，他们的意识开始醒悟，并进入寻找个性和自我的理性阶段。

传统的童话象征着人类早期的认知意识，人类的认知意识也有它的童年阶段。那时，在理性未醒悟之前，人类的认知意识像梦一样，精神生活与物质生活没有明显的界限。人类只有群体意识而没有个体意识。到中世纪时，人类的个体意识才开始展现，强调个性化和个人的独立自由。对一个人来说，从他出生到死亡的整个过程中，其意识的产生和发展，到自我的寻找等过程都能在童话中找到原貌。深入理解童话故事可以唤醒人处于睡眠中的意识和感觉，补充天生智慧的不足。

人的个体意识在三岁左右开始出现，从那时起用"我"来称呼自己。一般在青春期时，开始寻求和发展自我，而人类意识发展到个体意识要经过一个漫长的过程，所以童话的开始常常是"很久很久以前"，故事发展常常是"过了很久很久之后"。当故事展开之后，广阔的时间和空间即展开，童话故事的发展和变化正好反映了人类意识从出生、长大到成熟的整个过程的不同阶段。因此，在传统童话中隐藏着人类深层的意识和古老的智慧，并具有强烈的号召力去唤醒孩子处于睡眠中的意识。

以童话《白雪公主和七个小矮人》为例。白雪公主的母亲做针线活时，被针刺破了手指，看着滴在雪地上的三滴血，她希望将来有一个孩子，皮肤白如雪，脸颊红如血，头发黑如乌木。皇后对人类未来有一种理想的先知——新的人类将会自我控制、净化本性和敞开精神，那就是红、白和黑的象征。新事物降临的同时，旧事物即消失。所以白雪公主出生后，皇后就去世了。当白雪公主长到七岁时，她的继母从魔镜那里得知白雪公主是世界上最漂亮的女孩。七岁的孩子开始换乳牙，"自己的"身体已从遗传的生理身体中挣脱出来，象征着一个人的身体完全"出生"。白雪公主作为新的力量出现，被代表旧的力量的继母所排斥。继母还想通过吃白雪公主的心和肺来强壮自己。继母的毒手没有杀死白雪公主，让她逃到森林里，白雪公主也没有被野兽吃掉，却进入了小矮人的家，她得到七个小矮人像臣民对国王那样的崇敬。这象征着白雪公主得到天使的保护，也展现了孩子崇高和典雅的精神世界。

当白雪公主的继母又一次问魔镜得知白雪公主还活着时，她跨过七座大山来到七个小矮人的家，企图杀害白雪公主。白雪公主吃了有毒的苹果，就像夏娃吃了禁果而离开天堂那样，意味着她将离开天堂般的孩子王国而进入青春期，苹果卡在她的咽喉里，她没有死亡而是暂时被隔离了精神世界。最后，王子跨过七座大山来到七个小矮人的家里，找到白雪公主，救活白雪公主并和她结婚，象征着精神与个体的再次结合。在这个故事中，精神像白雪那样转化为纯洁的雪花，从看不见的地方形成，并飘到人间，又悄悄地离开，回到看不见的世界，象征着精神从精神世界进入人的身体；身体死亡之后，精神又回到精神世界。

　　故事中，"三滴血"中的"三"，"七"岁的白雪公主、"七"座大山和"七"个小矮人的"七"，都不是简单的数字，"三"象征着人的身体、灵魂和精神三元体，"七"象征着人以七年为一阶段的周期性发展。任何民族的童话中都能看到，如三个、三次、三年，或者七个、七年，或者过了七七四十九天、一百年等具有神秘色彩的数字。

　　再来看看著名的童话《青蛙王子》告诉孩子什么。故事的开始是"很久很久以前"，意思是可以发生在任何一天。"有一位公主"可以是任何一个人。"她是一个老国王的小女儿"，老国王代表了古老的时代，小公主代表了新生命和智慧。"公主每天都在玩一个金球"象征着孩子时代每天都在玩耍的精彩世界，就是简单平凡的日常生活。"公主的金球掉到水里"意味着失去了古老的智慧。青蛙帮公主找到了金球，他提出答谢的要求时说："不要金银珠宝，只要和你一起吃饭和睡在你的床上。"物质对于孩子来说是没有多大的意义。公主开始不履行她的诺言，老国王得知事情的经过后对公主说："既然答应了，就必须言行一致。"这是指引生活方向的强烈信息。"青蛙挣脱被施的魔法后变回了王子，王子和公主结了婚，永远地过着幸福快乐的生活"。

　　公主不知道青蛙就是王子，因为王子被施了魔法，暗含了人的真正本质被人的阴暗面所掩盖着。在国王的引导下，公主帮助王子挣脱被施的魔法，象征着自我意识发展到极高的精神境界时，精神世界的大门就敞开了。

　　在童话中，孩子们能够学到好与坏、真与假、善与恶、同情与反感，同时故事也能培养孩子的道德判断力和价值观。

童话是精神世界的描绘,童话就像天使那样伴随着我们出生和成长,引导我们的精神来到这个物质世界,并进入人的身体,共同完成人的生命旅程,这样我们的人生可由童话变成真正的心和灵魂的永生。童话是每一个孩子心灵的宝贵财富,老师可以通过这些童话触碰到孩子的心灵深处,因此,童话在华德福教育中占有重要位置和特殊意义。

童话也是民族文化的结晶,童话中通过打猎、砍柴、采药、采草莓、捕鱼等日常活动,塑造理想化的象征人物如公主、王子、国王、王后等,象征现实化的人物如渔民、农夫、鞋匠、石匠等,通过人类基本的生活活动,表达传统的生活方式,展现生活原貌,从不同的侧面反映了人们的理想和生命的意义。

传统的童话汇聚了民族语言的精华,并通过口述代代相传。在口述文化中,记载着最原始的文学和艺术,华德福教育就充分地发挥口述这一传统的教育方式。老师在讲述童话故事和人物传记的过程中,非常注重语言的表达,让孩子感受到语言的美。故事的语言简练、易懂和流畅,其中还常常有儿歌、诗歌、顺口溜和音乐等,对初学语言的孩子来说,童话故事就是最好的教材。

童话也是培养孩子想象力的最佳材料。讲述故事时,老师不仅仅介绍故事的情节,更重要的是勾画出一幅幅活生生的图像,让孩子"看得见",并在脑子里创造自己的图像。老师常用木偶戏或布袋戏来表演童话,让孩子充分地融入童话的世界里。他们在听故事的过程中,默默地寻找相关的经历想象与塑造画面,感受与领悟其意义。这时生命构成力开始"工作",这股力量从中塑造了身体,并逐渐上升到感觉,发展到思考并进行创造。要求孩子们根据童话故事的内容进行绘画和表演,也是华德福教育中极其重要的教学手段。

孩子的生活不能缺少童话，当他们感觉到被忽视、拒绝或伤害时，他们不能像成人那样理性地分析，而是发挥想象力，从童话世界中寻找角色，他们认同英雄人物的一切斗争，这种认同深深地印入孩子的内心世界，他们暗地里把自己放在英雄的角色上，克服焦虑、惊恐、孤独和失望，根据自己的经历来塑造乐观的映像。童话故事不但可以帮助他们打开一个明亮的空间，还能给孩子有关现代社会生活的意象，帮助孩子把日常生活中复杂的、分辨不清的事情简单化，帮助他们理清内心世界，塑造自己的梦幻世界。可以说童话是滋养孩子灵魂的精神乳汁，是孩子希望和理想的启蒙，也是孩子生活的良方妙药。

在传统的生活方式中，一到晚上，父母、老人或邻居经常讲一些代代相传的童话、神话和民间故事给孩子听，而现在却被电视、电子游戏或功课所取代。科学技术的进步和功利的教育，使很多孩子失去了童年时期应当得到的精神食粮。

学生自制教材

每一个孩子接受到老师授课的内容都是一样的，可是他们制作出来的教材却大不一样，但都能从核心内容中体现出共性，同时也创造和体现独特的个性，个性化的教育得到充分地展现。

在教育领域中，对教材的争论始终未停过，鲁道夫·斯坦纳早在一百多年前创始华德福教育时就取消了教材。因为教材（包括最好的教材）都是抑制学生创造力的工具，孩子不能从教科书的二手知识中感觉到知识和现实的联系，通过教科书灌输的知识，充其量只能算是信息的传递，孩子接受到的是缺乏生命的死知识。

在华德福学校里，每个年级的学生都是在老师的指导下编写自己的教材，配上插图、图表和标本等。例如，当一年级学生学字母"F"时，像学象形字一样从图画和故事入手，老师先讲一个有关鱼的故事，然后给学生示范画了一条像字母"F"那样的鱼（Fish），再进一步演变成"F"。老师鼓励学生多想一想还有哪些东西看起来像"F"，而且拼写以"F"开头的单词。学生一般会用方形的蜡笔画满一张纸，画出各种各样的东西，这样的作品合订起来就成了学生的教材。在四年级的地理课里，每个学生都是先从自己的床的位置开始，把自己的家、学校和周围的地理位置画出来，再扩展到本镇、本县或本市。最后，每人都制作一份介绍当地的地形、气候和人物风情等的导游地图和导游手册。学生的想象力和创造力在制作教材的过程中得到充分发挥，学习变成一个创造过程。

低年级孩子的书，配图简单，文字说明少；随着学生年龄的增长，配图就越来越精细，文字说明也越来越丰富。在制作教材过程中，始终一致地突出艺术和美观，学生的想象力和创造力得到充分发挥。每一个孩子接受到老师授课的内容都是一样的，可是他们制作出来的教材却大不一样，但都能从核心内容中体现出共性，同时也创造和体现独特的个性，个性化的教育得到充分地展现。华德福学校把学习过程变成一个创造和知识内化的过程，不仅在文史和艺术类的课程可以进行艺术化创造，自然科学课也可以进行艺术化创造。

学生制作自己的教材给教师带来了无限的自由空间，同时也给教师提出了更高的要求。照本宣科的教学方法没有任何市场，教师必须根据学生的能力和特点去组织课题材料，教师必须清楚本课题的重点是什么。

如在八年级的历史课中讲述"远征和探险"这个主题——哥伦布远征探险，寻找新大陆，在当时的历史条件和科学水平下意味着什么；哥伦布的这一举动对八年级学生的内心能产生什么样的影响，有多大的意义。

八年级（14岁左右）的孩子正处于叛逆时期，他们的脑海里天天装着远离家的念头，远离父母和老师对他们的唠叨，能够乘上哥伦布的远征船，驶向茫茫的大海，停靠在无人烟的荒岛上，这就是八年级、十三四岁孩子的梦。法国大革命中，自由、平等、博爱的革命精神是叛逆一族学生的一个美好榜样，他们也有 "自由、平等、博爱" 的祈求，并试图 "革" 老师的 "命"，希望老师能放下绝对的权威与他们平等、民主地处理教室管理和学校制度等问题。这也是八年级、十三四岁孩子的梦。如果教师能积极地激发学生的梦，就能让学生释放出无穷的创造力，帮助他们通过自己亲手创造学到真正的知识。

节日庆典也是课程

庆祝传统节日不但让孩子在特定的日子里表达崇敬之情，享受到他们期待的欢乐和喜悦，而且也让孩子对生活充满美好的期盼和向往。一年之中的传统节日就像音乐中的休止符，学校把传统节日的期待、准备和庆祝过程当成主旋律，让孩子感受到生活就像音乐那样有一个又一个高潮。

春夏秋冬，花开花落，日月星辰都在有规律和有秩序地变化着，人的发展也有某种规律和秩序，一叶又一叶，一枝又一枝，这种固定的植物生长韵律也是孩子此时成长的规则，所有生命的成长过程都充满着韵律。环绕着太阳的行星，具有伟大的宇宙韵律，在黄道带内，太阳与其他星球也有韵律关系，在地球上有昼夜相继的韵律，也有季节的韵律。人类有劳逸交替、心跳、呼吸和情绪发展高潮与低潮的韵律；动物也有筑巢、交配、进化、更替的韵律。韵律本质的存在是人类最大的福祉，因为这些韵律的变化让人们进入每一天的生活之中。作为生命有机体的孩子，特别需要过有韵律的生活。节日之中隐藏着生活的规律或韵律，有节奏或韵律的生活是身、心、灵和精神健康及幸福的基石。

古人有在特定的日子里，对自然和神灵表达崇敬和虔诚的传统，希望能够与自然和睦相处。这也是传统节日的起源，这些节日代表了古人的工作和生活的节奏，人们庆祝传统节日更说明了时间的神秘性。他们用特定的方式，包括大兴酒宴、载歌载舞等方式来享受人间的乐趣，表明了传统节日是人们生活的高潮，同时也表达了他们对生活的热爱，并对生活充满期待。

节日，尤其是传统节日是生活中神圣和特殊的日子，也是每一位孩子天天都在期盼的日子。华德福学校非常重视庆祝赋有深刻意义的传统节日，庆祝节日成了课程的一部分。庆祝传统节日不但让孩子在特定的日子里表达崇敬之情，享受到他们期待的欢乐和喜悦，而且也让孩子对生活充满美好的期盼和向往。一年之中的传统节日就像音乐中的休止符，学校把传统节日的期待、准备和庆祝过程当成主旋律，让孩子感受到生活就像音乐那样有一个又一个高潮。

庆祝传统节日和庆典活动是华德福教育培养学生崇敬和虔诚之心的重要环节，而且与道德教育融为一体。如在西方的华德福学校，在春天庆祝复活节，华德福学校的学生歌颂生命的复活。经过了漫漫的寒冬之后，地球上的万物开始新的生命循环。在夏天庆祝圣约翰节（Saint John Festival），他们点起火，唱着圣歌赞美Saint John 的献身，以及夏日的强大和万能的太阳，不仅给予万物生命，也给予我们温暖。在秋天他们庆祝米迦勒节（Michaelmas），天使米迦勒降伏天上的黑龙，给予人类征服黑暗的勇气，让人们有信心不断进取和完善，这是造物主恩赐于人类的最大精神财富，同时也是丰收的季节。在冬天庆祝圣诞节，不仅仅是圣诞老人和礼物，也不仅仅是纪念耶稣的生日，重要的是庆祝精神灵性的降临犹如黑暗中的光芒。

华德福教育在课程设计和教育内容的安排上也是紧扣季节的变化，并把节日的庆典活动当作课程的一部分。节日的庆典就是庆祝自然的韵律，如庆祝日出、日落、四季交替、生长、凋零，在庆祝一年逐渐逝去的节日韵律中，孩子渐渐地与自然、家庭和人类合为一体，感觉到他与世界、宇宙融为一体，共同鼓动着生命的韵律。

华德福教育把孩子的注意力导向自然界的变化和发掘自然界中的美，带领孩子们仔细观察植物和动物的生长变化，从中找到自然界和自己在发展过程中的共性。万物生长和欣欣向荣的春天犹如生命力旺盛和活泼可爱的童年，烈火焰和暴风雨的夏天犹如血气方刚的少年和青年，心旷神怡和果实累累的秋天犹如成熟稳重和事业有成的中年，枯萎、凋谢、寒冷的冬天犹如大势已去的老年。

华德福学校的节日庆典在传统的节日庆祝中，围绕着纯洁、崇敬、感激、虔诚、同情与爱心展开，其方式多样化。根据华德福学校对节日庆典的理解和节日庆典的意义，中国的华德福学校必须选择中国的传统节日来庆典。成都华德福学校在春天庆祝清明节，在夏天庆祝端午节，在秋天庆祝冬至节，在冬天给孩子创造深冬花园，让孩子体验寒冷中的温暖，黑暗之后的光明。总之，节日庆典不但可以把孩子的生活与自然联结起来，还可以帮助学生寻找一种至高的理想和精神归属。

华德福学校的课堂管理

老师不会因为孩子干了坏事，就断定是坏孩子，老师会对学生说："我非常喜欢你，可是，我不喜欢你做这样的事。"老师可以"幽默"孩子的不良行为，但不能取笑那些孩子。

　　我在英国迈克荷尔华德福学校实习时教八年级学生的历史，八年级的老师为了让我有独立的机会锻炼，他不在教室里看我上课，而是到另外一个班去听课。我在一个星期的实习时间里只讲英国的工业革命，一连四天还算不错。到了星期五的早上，不知道怎么回事，学生就是不合作，有几名学生开始用废纸和粉笔打仗，然后过一会又溜出去几分钟才回教室。我的声音几乎被他们讲话的声音压过了，于是我把最调皮的3名学生请出去，不让他们进教室，但是他们却在走廊上喧闹影响别的班级上课，在没法讲课的情况下我给他们布置了作业。可是，在三十几名学生当中，只有几名学生真正动手写作业，甚至有些同学站出来维持秩序，叫那些捣蛋的同学不要再闹了。我实在失去了耐心，走到讲台上大吼一声"听着！"突然，学生都像触了电一样呆若木鸡。我这一声大吼果然有效，我沉默了一会，他们也安静了一会。我很严肃地对他们说："我真希望你们在中国。""黄先生，为什么你这样说？"有学生问。"如果在中国，你们就会知道该怎样遵守课堂纪律了。"他们搞不清楚我下一步要干什么，看来他们有点紧张，有学生提议去找他们的老师回来。

他们的老师回到教室时，看到我正在讲我还未讲完的课，老师并没有看出课堂纪律有什么不妥的地方，他在怀疑学生是否在捉弄他。课间休息时，那几名调皮的学生跑过来向我道歉说："黄先生，对不起。我们为在教室里的行为感到内疚，不过我们不是针对你上的课，你上的课很有意思。但是，雪莱（他们的老师叫雪莱）不在的时候，我们都想放松一会儿。过去的七年，雪莱对我们都是那么严格，还有不够一年的时间，他就不再教我们了，其实我们也很在乎他。"

后来，我向一位资深的华德福老师请教在华德福学校里如何进行教室管理，我得意地告诉他我的办法，可他直摇头。显然我的做法比较暴力，这种恐吓的方式不是好办法。学生不能是因为怕老师而不敢违抗老师，应该是学生尊重老师而不违抗老师。

老师为了维持课程的秩序，对于那些不遵守纪律的同学，少不了用惩罚的手段。惩罚的本质就是让孩子去承受他们那些极其不愿意的东西，并让他们害怕再次承担而不敢再犯。事实上，很多孩子或学生被惩罚过之后，无论惩罚轻重如何，都会有再犯的情况。我们当学生的时候也体验过，明知道再犯是会受到惩罚的，可是，我们再犯的时候往往忘记了惩罚的结果，就算是怕被惩罚也会再犯。事实证明了通过惩罚学生让他们害怕而不敢再犯，很多时候是达不到目的的。

在惩罚学生之前，老师要学会判断哪些行为是犯错误，哪些行为是不良行为。如果学生破坏学校定下的一些规矩，那么这是犯错误。但是，有些学生没有能力去确认那些规矩之前，都不属于犯错误。如，家长给5岁左右的孩子规定了上床睡觉的时间，孩子并未能做到，那不算是犯错误。孩子笨手笨脚，打破杯子或碗也不应该被责备。 孩子有不良的行为是自然的现象，他们还不懂什么行为是可以接受的，什么行为被认为是不良的行为而已。 因此，孩子在未懂规矩之前，不应算孩子犯错误。

犯错误和有不良的行为是每一个孩子的成长过程。教育者要做的是在孩子犯了错误和出现不良行为之后，帮助孩子学会如何去面对他们的行为产生的后果，孩子才能学会如何处理错误和为自己的不良行为负责。每个人在长大的过程中都会犯错误，人是在不断地犯错误并及时纠正，不再犯相同的错误后成长和成熟。普通教育者在孩子犯了错误之后，为了让他们害怕而不敢再犯，使用不适当的惩罚方式，过多地让他们承担那些承受不起的责任，以致孩子犯了错误之后就逃避责任，结果成为一个不敢负责的人，不给孩子犯错误的机会成为现代教育的败笔。惩罚学生永远达不到让学生改正错误的目的，恶意惩罚更会适得其反，让学生产生逆反心理和反抗，并埋下恨的种子。

华德福学校对于犯错误的学生不是通过惩罚让学生害怕而不敢再犯，而是帮助学生认清自己和他们的行为会带来什么后果，教育学生对自己的行为负责。老师必须清楚学生犯的错误，哪些是有意识的行为，哪些是无意识的行为；哪些是没有意义的，哪些是起反作用的。

但是，没有一所学校和一位老师有固定的方法。老师应该学习和了解每一个学生的气质，并根据学生的气质和年龄选择适当的方式。最重要的一点是，华德福学校"惩罚"孩子时，要针对孩子的行为就事论事，而不是针对孩子本人。因此，老师不会因为孩子干了坏事，就断定是坏孩子，老师会对学生说："我非常喜欢你，可是，我不喜欢你做这样的事。"老师可以"幽默"孩子的不良行为，但不能取笑那些孩子。

在华德福幼儿园里，常常在教室的一个角落里，用彩色的丝绸和布搭起一个帐篷，里面布置得像个童话世界。如果让调皮的、急躁型的孩子呆在里面，在他们反省自己的行为之前不能出来玩，一定能达到纠正他们错误的目的。但是，如果让不好动、忧郁型的孩子在那里呆着，他们一进去可能呆上一天也不出来，更不会去反省他们的错误行为，那里可能就是他们最喜欢的地方。这时，老师会让这类型的孩子做一些针线活、打扫，或者擦玻璃等一些简单的家务工作。对一些无意识地手脚多动的孩子，老师就会让孩子对着他的手脚讲话，把孩子的意识带入他们的手脚，或者老师在继续上课的同时，亲切地拉着在搞小动作的孩子的手。

在华德福学校的小学阶段里，最严厉的"惩罚方法"也许就是让学生站在过道上。但是，这种方法对一些调皮的、急躁型的学生并不管用。给这类学生布置一个挑战性的任务，让他感觉到他的角色的重要性是非常有效的方法，如让他看着别的同学不许跑出校外，或者帮助老师收发作业本，甚至给他安排一个任务，如修理教具、课桌等。

在高中阶段，比较严厉的"惩罚"学生的方法可算是"做社会服务工作"，比如到一个慈善机构去做一天义工等。一般华德福学校也是非盈利机构，学校内部的工作也算是义务劳动。我有一位教高中文学和艺术的朋友，曾经惩罚学生在放学后粉刷房子两个小时。这位老师事先就让学生一起讨论，如果他们犯有什么错误，该如何惩罚，让学生自己组成一个类似立法委员会那样的学生委员会来起草条例，之后让大家投票表决，同时一些校规的制定也咨询学生委员会，让他们感觉到这是自己定的"法律"，这样他们就有义务去执行了。

教育孩子合作代替竞争

既然人类创造了历史，就有必要培养下一代人的合作意识而不是竞争意识，培养与人合作以及与人和睦共处的能力，让他们无论从事哪一个行业都能用合作意识来指导工作，共同推动社会变革，而不是弱肉强食的竞争。

有一天，有两个很好的朋友在森林中散步，突然，他们看到不远处有一只老虎将要扑过来了，其中一个人马上蹲下系好鞋带准备跑，另一个人不解地问："你想跑啊！你跑得再快难道跑得过老虎吗？"那个人回答说："其实我没必要跑得比老虎快，只要跑得比你快就行了。"

在当代竞争激烈的商业社会里，人们推崇的是竞争，却忽视了合作的重要性。但是，一个文明的社会环境需要人人都有合作意识，通过合作使得这个社会更和谐，而不是更紧张。现实已经摆在我们的面前，随着经济全球化的发展，未来社会的人口问题、环境问题、能源问题乃至政治问题都在迫使世界各国紧密合作。

华德福教育在努力培养孩子的合作意识，打破恶性竞争的传统，在学校的生活、学习和工作中创造和谐的环境。如庄子倡导的"胜人者胜，胜自者强"，如何教育学生跟自己比较和战胜自己，这一点在华德福教育中得到充分的实践。华德福学校的教育者们就是凭着这样的信念，在学校的教育中实现理想，如避免激烈的竞争性体育、游戏活动、考试、排名、比赛和奖励等。

　　在幼儿园的自由玩耍时间，凡凡拿到了一个木制的火车头玩，这是多数孩子平时都喜欢玩的玩具，而教室里只有一个，天天和田田这时靠近凡凡，显然也希望玩这个火车头，几个孩子有抢玩具的倾向，这一情景被老师看到了。一般的幼儿园老师可能就把规矩搬出来，说"谁先拿到，谁先玩，不玩了，再给其他孩子玩"。很多时候，孩子们还是不太懂规则，天天或田田会下手去抢，一边抢一边说："是我先拿到的。"当然，凡凡也会说："是我先拿到的。"华德福幼儿园的老师，一般不介入去做法官，判断谁先拿到的，哪怕老师也知道是谁先拿到的。这时，老师会说，"看来，你们还没准备好一起玩这个玩具，我们先放起来，等你们学会如何一起玩了，再一起玩，你们可以先玩其他的。"可是，凡凡也许不会放下他正在玩的这个玩具，一位有经验的华德福幼儿园老师，也许在他们开始抢玩具之前，就会主动跟凡凡说："你的火车可以拉很多车厢吗？"凡凡会说："当然可以。"，"我给你这些车厢，看看可以拉吗？"老师就找几个积木或其他的东西来做车厢，鼓励天天或田田去搬更多的木头来当车厢，并在车厢里装货。孩子就是这样，在老师的引导下，玩起了合作性的游戏了。

　　自由玩耍时间后，老师针对今天的场景，可能会给孩子们讲一个故事来鼓励他们之间的合作：

　　"很久很久以前，大海里生活着一群小红鱼，有一天，当它们看到大鲸鱼来时，都无可奈何地等着被吃掉。这时，从旁边游来了两条小黑鱼，小黑鱼对小红鱼们说：'我们都很小，当大鲸鱼来时，如果你们全部的小红鱼都游在一起形成一条大鱼，我们游在前面做这条"大鱼"的眼睛。这样，看起来我们就很强大了。'小红鱼都接受了这个建议，结果，大鲸鱼来时看到这样一个庞然大物就调头跑了。"

华德福教育中的农业

通过农业活动帮助宇宙和大地沟通，进行生命力转化。通过实践生命力互换的农业活动，人类不仅能得到健康的身体生长和活动所需的能量，而且人的精神和灵魂也会得到深化和升华。这也许就是几千年以来，在传统的农业活动中，人们之所以敬天、祭神和紧紧跟随着日月星行自然宇宙的规律的真正原因。

农业应该是教育的重要组成部分，早在20世纪二三十年代，美国的教育就非常注重农业课，开展农业教学，命名为家庭课（Home Projects）。让农村学生在自己的家里种花种菜，老师驾车亲自巡回检查，并当场施教。

在世界各地的华德福学校，有条件的学校都有一个有机农园。不同的学校条件不一样，农园的大小也各不同。在城市里的华德福学校，农园太小，只能种些花、菜、香草、少量的浆果灌木，养些鸡、兔之类的小动物；在城郊或乡下的华德福学校占地面积都较大，不仅可以种许多花、菜、香草、浆果灌木和果树，还可种些谷物，养蜂，或者养些羊、牛、马、驴等较大的动物，有的学校甚至还拥有一片森林或一个附属农场。

华德福教育以生物动力农业为基本农业活动，实践敬重大地和宇宙的农业耕种，体验人类在地球中的基本活动。让孩子学习植物、动物、季节、气候、星象、宇宙的奥秘，关心和爱护自然，以及我们生存的环境。让孩子接触自然和体会自然的变化，学习人类与自然、宇宙的沟通的基本精神。孩子在感受植物和动物的生长时，感受自己生命。华德福教育用直接参与农耕的方式来加强孩子对自然的认识，学习动植物的科学知识。教育孩子以崇敬的方式对待树木、动物、河流、蝴蝶等一切自然的物体，就像我们友善对待朋友那样来热爱自然，热爱动物、树林、花草和昆虫等。当这种爱最终植根于人类之中，就会形成一种相互同情、相互依赖的情感和责任感。

在自然界中，人作为有生命的个体，也是一个有机的小宇宙，跟周围这个大宇宙是相辅相成的。人作为宇宙和大地之间的媒介，通过农业活动帮助宇宙和大地沟通，进行生命力转化。通过实践生命力互换的农业活动，人类不仅能得到健康的身体生长和活动所需的能量，而且人的精神和灵魂也会得到深化和升华。

在英文中，"culture"最初的意思是对动物和植物的栽培、饲养，名词形式为cultivation，动词cultivate 还有一层意思是，用于对人类心智的教化，性情以及人格的熏陶。有文化的人是被cultivate过，中文意思是被栽培过的人，可见农业跟教育的关系是何等密切。其实也是人类进入了农耕时代，才有教育的必要，以及演化出发展其他科学技术的需要，也就是说人类开始了农业活动之后，人类在地球上活动才开始有真正意义的文化活动，步入人类文明的时代。几千年的传统农业社会里，人们都是通过敬天祭神和紧紧跟随着日月星行四季变化的规律，开启宇宙的奥秘，进行农业耕种。无论生活在地球上哪一个角落的民族都相信至高无上的上帝或天神，敬畏他们恩赐的大自然。

个性化的教育

寄望个性化的教育能让每一个困在蚕茧中的蚕蛹演变成美丽的蝴蝶，让它自由飞翔，人类灵魂的工程师们该知道春蚕到死丝方尽的意义。

杰克是刚从公立学校转到纽约绿茵华德福学校的四年级学生，他到这所学校以后什么都不参与。我正好在四年级当实习老师，四年级的老师麦克是一位很有经验的老师，他尝试过用一切办法，但对杰克来说都无济于事。有一天，我讲完英文文法部分之后，做一次测验，奇怪的是杰克也在动手做测验题。我把测验卷收回来后，首先看了杰克的测验卷，杰克只在试卷中写下了他的名字，做了两道选择题，然后画了一个怪物。我知道在绿茵华德福学校平时的测验从不打分，今天为了杰克，我打破了学校几十年来的传统，给杰克打了个大大的A。杰克拿到自己的试卷后对我说：

"黄先生！你是个非常愚蠢的老师。"

"杰克，这样说话没礼貌。不过，我想听听你为什么这么说。"

"因为我只是找到了两个答案，你就给我A，在我的读书历史上没有这么回事。"

"杰克，其实你选的那两个答案都是错的。不过不要紧，你得了A

不是因为你找到了答案，而是因为你付出了努力。我想付出努力就得有收获，否则，没人愿意工作了，对吗？"

"对的，我爸爸也是这样说。"

个性化的华德福教育，不用统一考试的方式来衡量学生学习的成果，只有教育者掌握了教育艺术手段之后，才能进行个性化处理。这里的个性教育是指通过教育来唤醒人的个体意识，让与生俱来的自由的、独立的和独特的精神个体，在日常生活中展现其真实的自我。

Personality和Individuality这两个英文词，翻译成中文都是"个性"，但是，懂英文的人都知道Individuality和 Personality有很大差别。Personality（性格）是每个人独特的由心理特征体现出个人的心理现象，是一个人的灵魂层次的特征，可以受到来自物质的影响，也可以受到来自精神个体的影响。而 Individuality（个性）虽然也表现出个体灵魂的特质、特性、气质，但更多的是个体精神的自我特质（Self Spirit）的表现。Individuality是比较稳定的感情、思想和意志的反应，表现为个人的价值观、审美观、伦理观、信仰以及做人的准则，同时也表现在个人为之奋斗不息的行动之中。

一个人的诞生和成长是一个精神个体进入了一个以地球生物基因组成的肉体的过程，成为一个有血有肉、有情感和思想、有精神灵魂的人。每个人应该都是一个自由的、独立的和独特的精神个体，就如世界上没有两个完全相同的指纹一样。

真正的个性化教育不仅仅是重视个人心理特点，维护自己独特的性格，根据个体的性格进行因材施教。如何能让每一个精神个体都实实在在地从生活中展开他真正的个性才是个性教育的主题。

在追求个性的教育中，人们追求的究竟是什么样的个性，教育者和家长未必有清晰的答案。无论如何，教育界能树立了个性化的教育理念，并提出一些跟个性化教育相关的问题，应该说迈开了个性化教育的第一步。但我们还得去探索个性究竟是什么，个性教育的生物学、心理学、社会学基础是什么，怎样认识理解孩子的个性，孩子个性的产生与发展的规律是什么，怎样评估正在发展中的孩子的个性，怎样根据孩子的个性特点对其进行适当的教育，如何根据个性化的发展目标为孩子设计真正个性化的课程，个性化教育的最佳教育原则、目标、形式、内容、方法、技术和途径究竟是什么，个性化教育的效果如何评量，个性化的教育需要什么样的社会文化背景，等等。

华德福教育的个性化教育是采用相应的教育方法和手段，发挥其特长，优化其缺点，使他的个性得到人文和艺术的内化，把知识内化到人的行为上，而不是急于知识的教授过程。因为知识必须建立在高尚的人文精神上才会显示出价值。这种教育可深入到孩子的内心世界，能让孩子体会到知识的真正内涵。在这个内化的过程中，让孩子的涵养、个性、气质、习惯和精神展现出他的真人性。如果仅仅是用考试、分数、考级、获奖、文凭、学历和就业等来说明教育的好与不好，教育只能做到了知识的累积，而未能达到人文的内化。有时所谓受过良好的高等教育的年轻人跟只受过几年基础教育的年轻人相比，从涵养、个性、气质上看都没多大差别，甚至言谈和行为举止都一样。真正良好的教育不但需要文明的人文和社会环境，还需要时间和爱心，才能让孩子在内心产生共鸣，从而达到内化个性的目的。

华德福教师培训课程中，重点分析了气质的形成和如何了解自己的气质，掌握好教师自己的气质和孩子的气质，强调教师的责任就是针对孩子的个性发展，帮助每个孩子进行个性特质的自我调整，对每一个独特的心灵负责任。因为每一个孩子都是在特定的情况下凸显出其个性特征，其中有不少是跟该班老师的气质有天然的对抗性，老师在气质对抗的情况下，自然地产生抗拒力，这时，老师必须从自己能掌握的气质特征中找原因，并努力协调和自我修炼。能掌握自己的个性特征，不让自己的气质影响到教学，与不同气质的孩子相处融洽是每一位教师在接受培训时的必修课和艺术化教育的第一步，同时也是华德福教育判断教师成熟的首要条件。作为一位华德福学校的老师，走进教室之前一定要把当天个人的烦恼、精神不安和个人偏见放在教室的外面，然后非常清醒地走进教室，有意识地监督自己的讲课、语言和行为等，老师要有足够大的声音和勇气，随时准备好接受各种气质类型孩子的挑战。

我们有意志从事我们的工作，在这项工作中，让来自精神世界的力量，倾注到精神和灵魂里，乃至生命和身体，为拥有真人性而奋斗。

——鲁道夫·斯坦纳

第四部分

华德福教育的课程

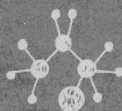

课程设计线索

艺术教育让他们学习艺术的科学表达方式，以及科学、内心和艺术的和谐发展。信仰教育帮助学生找到科学和艺术的探索方向，提供支持学习科学和艺术的内在动力，以及生存的目的。华德福教育极力融合科学、艺术和信仰教育为一体。

华德福教育的课程设计以历史为线索，以文学和艺术为操作工具贯穿整个教学大纲，其奥秘是根据人的意识发展，从历史的文化纪元（Culture Epoch）中折射出人的意识在一生中的阶段性发展。人的意识进化就如人类的人的意识发展那样，从一个模糊到清晰，从集体到个体，从身体支配人的行动（野蛮）到精神支配着人的行动（文明）的过程。

人类社会存在的历史，人类的意识就如早期历史如童话和神话故事中讲的那样，"很久很久以前，在森林里或在遥远的地方，有一个国王"，非常模糊的时间和地点，那时候人类的意识像三岁之前的孩子那样，人类活动没有可以考证的时间和地点，童话和神话就是人类社会早期历史的真实面貌，童话和神话故事就是孩子早期的历史课。

当人类活动在地球中进一步发展，人类的心灵和物质世界实现了真正意义上的接触，历史记载中出现了部分可以考证的和部分不可以考证的人名、地名和时间，这样的历史表现在传说和宗教故事中，如用

"五千年前，在加里里海"来描绘时间和地点。这段人类历史就像一个人对自己3~7岁的记忆那样，隐隐约约和似是而非。于是，口叙史、传说和宗教故事就是二三年级的历史课程。当人类历史发展到可以考证的史实，人作为精神个体和物质世界完全分离开来，成了"我"与"世界"的二元关系，人类发现了自然世界的美，不但通过艺术、诗和歌来表达其精神活动（或精神世界），而且还不断地研究探讨自然世界和人，如何开始，真实存在，未来如何。人认识和了解自然界并把它当成参照物来确定自己的存在、位置和未来，于是人们开始有了记载的历史。10岁以后，人的自我意识进入了新的发展阶段，人的精神开始独立于物质世界，并以独立的、主观的态度来审视和认知物质世界。因此，在华德福教育中，四年级（10岁左右）开始学习有记载的历史课。

华德福教育在不同的阶段突出追求真的方式不同。

如学前阶段认识世界是善的，这一阶段让孩子玩天然材料做的玩具，通过触觉来认识物质世界的真，强调自然的美，因为那是真的。童话和神话故事对孩子来说是真的，因为他们的意识就是处于那个阶段，同时也体现了孩子的精神世界。

小学阶段突出世界是美的，从美中求真，通过美的方式来学习科学和自然界。九至十二年级以世界是真的为主题，对真的寻求进入人的内在体验，但是，突出真也不忘善、美和真的相辅相成。因此，华德福学校开设了信仰课，通过信仰教育帮助学生探讨人生的意义和价值，寻找一种至高的理想和精神目标，而这种探索充分体现在学习历史的过程中。如，小学的历史课不太注重历史事件发生的日期和地点，而是注重历史人物和历史事件的意义；高中的历史课注重人类的意识发展以及意识的表达方式，所以历史课包括了科学史、艺术史、文学史和哲学史等，培养青少年对史实的忠贞，对人类的开端与未来的执着追求，最终引导他们对人文精神的关怀和负起建设文明社会的责任。因为青少年不仅仅追求合理和科学的真理，也追求符合人性和永恒的真理。

斯坦纳认为智力的开发并非是多多益善的，就如开发自然资源的同时也要保护自然环境那样，而是建议通过美术教育平衡人的智力、感觉和意志的发展，达到身、心、灵和精神的整体健康发展，把学到的知识渗透到学生的心灵深处和表现在行为上。如在十一年级的科学课中，学生能够依据环境来描绘人和动物本质上的联系，涉及到人体不同的器官和系统，并联系到人的内心世界。同时，在艺术课中学习人体素描和人体雕塑，鉴赏文艺复兴时期有关人体的艺术作品，把科学与审美有机地结合起来。

在人文科学和艺术教学过程中，华德福教育特别注重分析处于不同时期、不同环境的人的思想意识，让学生广泛了解不同的宗教信仰。科学教育帮助青少年求知和探索未知的物质世界，科学教育注重学生的心得体会和艺术性，让文化和科学知识触及到学生的内心感受。艺术教育让他们学习艺术的科学表达方式，以及科学、内心和艺术的和谐发展。信仰教育帮助学生找到科学和艺术的探索方向，提供支持学习科学和艺术的内在动力，以及生存的目的。华德福教育极力融合科学、艺术和信仰教育为一体。

华德福特色的艺术课程

斯坦纳描述，艺术活动可以开启宽广的心灵体验，触动生理和心理活动间的交互作用，从而由一个人的内在去产生改变，此种改变帮助一个人对自然初始生命的原动力更容易亲近与接纳。

华德福教育追求个人与自己、他人及自然的和谐关系，在华德福学校的课程中，最令人瞩目的课程应该是艺术活动的特色。通过斯坦纳对课程的设计理念与教学实践，令人蓦然发现，艺术与人文学习领域或美育的本质，其实就是身、心、灵的和谐发展与全人教育。由于艺术的体验与蓬勃的生命力相关。斯坦纳描述，艺术活动可以开启宽广的心灵体验，触动生理和心理活动间的交互作用，从而由一个人的内在去产生改变。教育的过程便在开启这一途径，帮助孩子发展成为一个灵活而和谐的有机体，而透过艺术课程的活动，敏锐孩子们的身体机能，使每个人的独特潜能与其心灵力量结合。

华德福学校的艺术类课程一般有水彩、形线画、形塑与雕塑、音乐、诗歌、音语舞、手工艺、园艺等等，通常根据各地区、各学校的条件自行进行调整。艺术课程从一年级一直贯穿至十二年级。对于各个年龄阶段的学生来说，学习艺术都有多层次的意义。学生不仅可以将自己融入各种不同的艺术材料中（如音调、声响、颜色、木头、陶土、金属等），渐渐地体会出各种艺术形式的丰盛，多姿多彩；同时透过从事艺术活动，观赏艺术作品，发展理解、欣赏与评鉴的能力。

下面分别介绍一下不同类型的艺术课的特色与教学活动：

水彩

在华德福的幼儿园到小学阶段，绘画课程以wet—on—wet 为主，就是在湿的画纸上，用水彩颜料探索色彩，以渐进渐增的方式，由单一原色体验水与色彩之间的关系，然后渐进到双原色，乃至三原色交溶，绘出如彩虹般丰富的色谱。低年级的绘画课不使用调色盘，让纯粹的原色，以色彩自身的流动接触，产生最直接、最自然的反应与变化。这样产生的色彩具有细腻、明亮的特质，让孩子们体验到色彩的丰富与纯粹；同时，在色彩的交织中产生各种图像，孩子们的想象力随着不断涌现的图像，丰富而流畅。

不同于一般常见的孩子绘画，这里的绘画课不主张让孩子由线条发展图像，尤其对于学龄孩子，更是强调非具象表现的重要。以地平线为例作为说明：上面一片蓝，下面一片绿，大自然中并没有一条水平线条横在其中，它是两片色块的交界，自然生成。因此，孩子在绘画课程中，首要的目标在于体验色彩的和谐，以及色彩的情感；然后才透过对色彩的熟悉与体会，掌握图画形象的表达。

华德福学校的绘画课程，老师通常会选取一段神话或童话故事（视年级高低，并配合主课程发展）作为开端，故事情节如果充满色彩的描述，将是不错的热身。然后教导孩子正确的操作步骤，包括沾取颜料、洗笔、除去多余的水分等。当孩子们完成自己的图画后，老师先带领大家收拾好所有的工具，然后进行分享与欣赏。随着年级渐增，增加各种不同的绘画素材，让孩子们拥有越多对色彩的体会与经验，就越能发展各种图像造型的能力。这样的绘画课程一直延续到六年级。

形线画

华德福学校的课程里有两个重要的因素：律动（Movement）与造形（Form），因而在课程规划上创新两种课程：音语舞（Eurythmy）和形线画（Form Drawing）。形线画中线条元素，并非指一般绘画中图像轮廓描绘，也非指素描中的勾勒、明暗，而是指"律动的痕迹"。它同时涉及两项要素：律动与造形，因此在课堂上，老师进行形线画教学时，通常都会伴随着身体活动的设计。

从一年级开始，先以垂直直线开始，让孩子在空中画出大大的一条直线，同时让孩子尝试走一直线，体会直线在空间中的感觉，然后才发展到纸上的画线。线条形式的发展，大多由直线到水平线，加上渐增与渐减的变化；发展镜像对称，乃至多重对称的关系；到了三四年级则有圆形的发展，包括螺旋的变化；在五六年级便带入几何图形的练习，如各种曼陀罗图形。

在所有形线画的练习中，学生必须徒手绘画，透过这些练习，他们可以发展出稳定而规律的律动，这有助于发展孩子手部书写能力。练习中常出现渐进的变化，学生必须透过目测反复修正，发展出良好的观察与精确描绘的能力。所有形线画的练习都配合有律动的练习，有时更结合音语舞，帮助学生发展出清晰的空间感，以及优美而流畅的韵律感。

形塑与雕塑

形塑与雕塑（Modeling and Sculpture）课程的材料随年级的发展而有所不同。幼儿园与低年级主要以蜂蜡（Beeswax）为主，随着十指活跃逐渐增加的温度，细腻的触感与丰富的色彩，越趋于流畅。小学二三年级开始接触陶土，通常是配合主课程的主题需求，而发展出形塑的主题。例如，有关人与动物的关系，则会发展出一系列动物的造型。其中关键的原则之一，是必须由一整体衍生出局部，犹如生命的初始，一块陶土是从圆形（或卵形）开始，然后发展出形态躯体，最后才抽拉捏塑出头与四肢。到了中高年级则增加木头的材质，虽然同样也是从挫削圆形（或卵形）开始，可是木头不同于陶土的塑性处理，它以一种减法的方式去趋近作品的完成，最后衔接高年级木工课程，进展至家具等的制作。有时在高年级阶段，视各地区与各校的情况，也会让学生接触石头或金属的材质雕刻。

整个形塑或雕塑是一种意志力贯注的过程，学生必须深入到材质本身特性，才能在工作中掌握自己施力的大小，正确使用工具，然后才能避免发生折损或断裂，共同形塑着个体自身的体态与意志力的发展。

透过形塑或雕塑的过程，能强化孩子对空间的感知能力，将一般平面化视觉能力深化为三度空间的关系与结构；更重要的是透过这样的强化过程，更能帮助孩子发展内在的平衡感，以及发展出对周遭环境（对空间）的意识与觉察能力，包括对美与丑、秩序与混乱的感知。

音乐、诗歌

在华德福学校，通常不借由视听器材去呈现音乐或教材，因为每一个人体便是最自然、最直接的乐器。因此，老师必须以自己的口唱或乐器，带领学生歌唱，或学习吹奏形式的乐器。

对于低年级比较偏重于节奏感，让学生体会快慢、疏密、强弱的经验，并且广泛地运用于其他主题课程中，如算数、语文和外语等的学习活动。到了三年级以上，则进入音乐旋律的体验，进行分部的合唱（奏）与轮唱（奏），学生透过音韵的和谐，进一步体验与他人互动中精准的时间点与和谐关系。有关乐理与乐器专业的技巧则放在高年级以后的课程。

诗歌的吟诵贯穿在整个华德福教育中，它具备音乐性的节奏、律动与韵律，同时也蕴涵着丰富的图像。老师在每天的教学设计中充满诗歌的形式与特色，从晨间活动，到教学主题的引导。

音语舞

音语舞（Eurythmy）不是舞蹈，它是将听觉上的音乐转化为肢体的语汇，因此它与语言音律的结合更为紧密。

音语舞不是我们所熟悉的体能律动，在整个团体的律动中，学生会体验到个体与团体之间"呼"与"吸"互动关系与结构，通常律动中所呈现出来整体的图像，多会呼应于大自然的律动感（例如花的开合、日月的升沉、万物呼吸的脉动等）。

所以，也可以称音语舞为动态的形线画，所有形线画的线条形式，都可以在音语舞找到对应的图形。还可以称音语舞为雕塑的有机体，以肢体形塑出自然的脉动，以群体的脉动构组出宇宙中的形象。更可以称音语舞为具体图像化的诗歌，每一个母音、子音都有其对应的姿势动态，随着诗歌或音乐的开展，而呈现为一组流动的图像。

手工艺

在华德福学校，一至五年级的手工艺包括针织、刺绣、裁缝、编织、篮器编制，等等，每周两个时段；六至八年级则以木工和雕刻为主，每周两小时；到了九至十年级，学习做家具和陶艺，每天两小时，这两个科目每学年在两周内完成；至于十一至十二年级，主要制作乐器和铁艺，每天两小时，也是在2~3周内完成，最后的重点是学习装订书本，将学生自己编写绘制的主课本，装订完成精美的、独一无二的教科书。可以看到，手工艺课程中选用的材料根据学生的成长规律，材料的质地从柔软到坚硬。

中学阶段的艺术史

艺术实际上为我们提供了那不断进化的意识——人性转变之一幅幅图景的记录。

在华德福教育的高中阶段，艺术史课程占有重要的位置，艺术史课程包括了建筑史和音乐史，也是华德福高中课程中最具特色的课程。艺术史的课程设计是以艺术为主题的历史课，以人的意识发展为主题的人文课，从古代到现代，从世界各地的艺术和建筑中学习历史，也是从艺术和音乐中了解人和天、人和地、人和社会、人和精神的关系，以及人的生活形态，以人的意识发展为主题的历史课。

艺术史的课程目标不仅仅是让学生学习艺术和关于艺术历史的知识，更多的是通过艺术史课程，让学生学习不同文化，研究不同历史时期人类意识的发展。这个过程本质是人类探索真理的过程，学生从中向先人学习如何探索真理，以及寻找自己的方向和存在的意义。

古人通过艺术来表达社会和精神活动，展现他们认识和了解到的物质世界和精神世界。如果我们能学会了解、理解和解读古老的图像、图腾、图形、绘画和建筑，以及各种工艺品等的精神涵义，就能了解古人的意识形态、深层存在或精神存在。

在接受华德福教育的培训时，老师曾经问过我们："为什么古希腊的神像都非常美，跟完美的人几乎一模一样，而印度的神像却青面獠牙或鬼怪多样？"另一个问题是："很多古文化的雕像里都有人头兽身，或兽头人身，这些意味着什么，如何去解读？"

无论怎样去解读这些艺术，其实都没有对错，艺术和艺术史没有标准答案。青少年阶段的学生，内心里充斥着不是黑就是白的极端思想，艺术和艺术史就是给青少年带来内在的平衡，学习和培养多样化的思维，接纳多样化的存在，是青少年走向成人必经之路。

斯坦纳描述了两种艺术的来源：其一是产生于幻想性的内部想象，他称为"表现主义"（Expressionism）；其二是从外界体验或由直觉所提取的体会，他称为"印象主义"（Impressionism）。

艺术还能带来治疗并进一步深入到人类灵魂的内在生活之中，从而帮助人性的形成。艺术创造的基础不是"什么是"，而是"什么可能"；不是真实的而是可能的。艺术是人类最伟大的天赋之一，因为它构建并形成人性。它是一种精神力量，无论是好是坏。它是一个给精神得以进入的门道，并且被呈现于自然的物质世界当中。它创造了享受和愉悦，以及宣泄和变化。

科学课程

不是笼统地恐吓孩子，也不是用那些动人的或恐怖的故事去教育孩子远离毒品，不是简单的教条式说教，而是用科学知识去武装孩子，让他们学会理性地判断。

华德福高中的科学课培养孩子抓紧自己的真理，用科学的眼光去看多样化的存在，培养出艺术鉴赏的能力。培养学生这种艺术鉴赏的能力，其实就是培养人的最高层次的辨别和判断能力。

比如，在七年级的科学课里，有关于燃烧的课程，这个课题常常在开始的时候点燃蜡烛。虽然他们可能对蜡烛很熟悉，但是当被要求来描述烛焰，他们观察到蜡烛火焰的色彩和成分方面仍然有惊人的不一致的地方。科学课以"燃烧的研究"开设是一个很好的着眼点，可以让学生用彩笔精确地绘制出烛焰。这就要求仔细地观察，他们会注意到烛焰的底部是暗蓝色的，烛焰的最上部是炙热的黄色，中间是光芒四射的橙色。然后教师把一个空玻璃导管一端插入烛焰的暗色部分，另外一端插入一个试管里。几秒后，一股浓厚的、发白的蒸汽穿过试管在流动着，最后通过用试管收集蒸汽，学生们仔细观察之后会很兴奋，会产生各种惊叹。在收集到蒸汽后，用软木塞塞住试管，放在一碗冰水中。几分钟后，一层白色的膜沉淀在试管底部。

　　学生们对他们所看到的结果会感到很惊奇，一支点燃的蜡烛可以导致出这种结果，也许平时没注意，当他们仔细观察还是发现了惊奇的地方，他们普遍对于这样简单的日常现象感到有点疑惑。老师可以要求他们精确地写下所发生的事情经过，并详尽地画出他们所演示的东西和所使用的仪器。这是挑战他们的观察能力，也是思考的重要组成部分。当学生在他们自己创造的课本中画出，并用书面文字说明实验图例的时候，他们就得花费时间去回顾和思考，为什么在试管底部会产生这一现象。

　　第二天早上，老师可以再和学生们进行讨论，前一天的实验演示中，明显展示了物质的三种物理状态：固体蜡（蜡烛）、液态蜡（在蜡烛芯底部有个小液池里）和气态蜡（通往导管的气体）。学生对这个实验的领悟，可以帮助他们以后理解到物理变化不同于化学变化。

　　我曾经被加拿大Sunrise 华德福学校邀请作为第三方老师进行评估。那天，我被安排在八年级听课，内容是关于食品有机化学。课程是从我们吃的食物以及跟身体有关的化学知识开始，主课开始前没有晨圈和音乐，或律动之类的小学低年级活动，晨诵之后马上进入主题学习。老师第一节课讲的是糖，介绍了各种糖类、糖类的化学结构，以及糖类的历史和存在形式。第二节课讲的是酒精，比如哪种糖类经过发酵之后，会变成酒精，什么糖无法发酵成为酒精，然后分类做了几个实验，最后确定了有发酵成为酒精的那组，通过蒸馏装置，把酒精提取出来。提取之后，剩下的做醋。第三节课，比较糖、酒、醋，以及介绍跟这三类物质有关的醇。接下来用两天的时间让孩子们讨论和研究糖、酒和醋在食物中的应用以及历史发展。也引申到其他毒品的使用，以及使用后对身体内在的化学反应。

　　学生被问及在他们自己生活中有哪些事物是不可逆转的，这时就可能发生激烈的讨论，讨论中就会牵扯出很多可能是孩子们在学校以外的生活中有影响的、潜伏在他们内心中的事物。这堂课把性教育、毒品教育和酗酒教育等整合起来，但是学生们可能并不会意识到这个事情在发生。讨论的进行是真实的，也是自然而然的，学生开始意识到青少年性行为、酗酒、无证驾驶和吸毒等行为的后果和影响，这些行为也是不可逆转的。此类讨论并不会压制年轻人对于某个科学概念（比如化学变化）的理解力。

　　整堂课中，老师没有对学生说过酗酒和吸毒对健康有害，也没有说过孩子们不要去沾这东西，而是在孩子也许有条件和冲动去体验这些听到或看到、被描写成很酷的东西的时候，及时让他们知道其中的科学知识，让他们知道这些东西对自己身体的影响，如果去尝试意味着将有什么样的结果。不是笼统地恐吓孩子，也不是用那些动人的或恐怖的故事去教育孩子远离毒品，不是简单的教条式说教，而是用科学知识去武装孩子，让他们学会理性地判断，这也是华德福学校科学课程的特色之一。

历史课

我们上学不是去学校接受那些所谓的真理，而是去学校探索真理。学习历史是探索历史真相的过程，也是对"真"的探索过程，历史就是最好的原材料。通过不同的角度看同一历史时期发生的事，也许有不同的结论，但是这一学习的过程比结果更重要。

我在英国Michael Hall 华德福学校实习的时候，教八年级以革命为主题的历史。那时，我选择的是法国革命和俄国革命。在关于法国革命历史的教授中，重点是讨论"自由，平等和博爱"以及革命的理想，学生通过了解历史事件中，那些追求"自由，平等和博爱"的有志之士的故事，理解和了解当时的人为什么会不顾生命去革命，从而学习和体验人的生存价值，思考一个人会为怎样的信念活着，为什么一个人可以为理想而死。从历史事件中研究那些向权威、不平等和不公正的社会挑战的人，讨论他们具备什么样的内心世界， 让学生领会从法国革命中散发出来的"自由，平等和博爱"的人文精神。在关于俄国革命历史的教授中，则探讨什么是共产主义理想，有共产主义理想的人用什么方式、方法和手段去追求共产主义理想。让学生学习和了解人们如何实现自己的理想，从历史中的人物故事展开，让学生自己去寻求自己的答案。因此，这样的历史课并没有标准的答案。

从表面看，华德福教育的课程跟其他教育的科目几乎是相同的，不同的地方是：为什么教，在什么时候教和如何教这些科目。如在回答为什么要学习历史这个问题时，在主流学校都会说学习历史是从历史中吸取教训，以史为鉴。

历史教学的教育目标首先是对过去发生的事情质疑和探索真相，华德福教育在历史教学上尤其突出。在教历史之前首先要问什么是历史；其次，问为什么学习历史；最后，再问如何学习历史。

历史教学就如教学生像盲人摸象那样，让学生学会相信自己摸索到的那个部分，学会自己去判断。那么，如何才能相信自己摸到的大象，如何去描绘自己摸到的大象呢？是凭自己的感觉，凭自己思考呢，还是凭自己直觉呢？最重要的是要换不同角度思考相同的历史问题。

历史作为在坐标中的一轴，历史课从远古开始，孩子从听得懂语言的时候开始就喜欢听这样的童话故事——"很久很久以前……"，这时候就相当于开设了历史的学习，对孩子来说，那些童话故事就是自己的精神历史。童话世界是发生在任何地方、任何时间和任何人物的事情，也是人类远古的、无法考证的历史。孩子长大到八九岁的时候，更喜欢有一些具体的人物和地域的传说，孩子们的历史学习到了可以部分考证人类的历史时期。在华德福学校四年级才开始教授可以考证的历史课，而且历史课是从自己的小时候开始，了解自己小时候在哪里，做过什么，经历过什么，父母如何，接着就是父母年轻时候的故事，小时候的故事，依此类推，了解了自己家庭的祖宗几代人，了解跟自己有直接相关的历史。到了高中最后阶段，就会讨论"我从何来？来干什么？到何去？"这些问题。人从精神世界来到这个物质世界里，找到自己在这个世界存在的意义，会以时间和空间为坐标，定位自己，以便把握生活的方向。

　　学习历史是探索历史真相的过程，也是对"真"的探索过程，历史就是最好的原材料。通过不同的角度看同一历史时期发生的事，也许有不同的结论，但是这一学习的过程比结果更重要。

地理课

人到这个物质世界来，要跟这个物质世界建立某种关系，通过学习历史和地理，在这个时空中定位自己。学习地理最重要的核心是了解自己所生活的空间，生活在不同地域和气候条件下的人类，如何在他们的生活的物质环境中跟物质世界和精神世界产生联系便是他们的文化。

对于大多数动物来说，确定方向寻找路径并不是什么难事，以金黄地鼠为例，即使把它的双眼蒙上，七拐八转地带到一个远离巢穴的地方，它还是能够找到回家的路，并且以直线路径"飞奔"回家。鹅、蟾蜍以及蜘蛛也都表现出类似的本领。虽然，人类的认路本领和方向感远不及这些动物，但并不等于人类就没有认路的本领和方向感。

从华德福教育的理念看来，人从精神世界来到这个物质世界里，找到自己在这个世界存在的意义，会通过时间和空间坐标，定位自己，以便把握生活的方向。历史作为人生时间坐标中的一轴从远古开始，地理（空间）为人生空间坐标的另一轴从家和学校开始，结合历史课程，华德福学校的地理也是从四年级开始。

在华德福学校的地理课上，老师让学生观察自己的教室，要求学生把自己的课桌在教室的位置画出来，再画一张教室的平面图。老师会发现，学生第一次画出来的图非常不成比例，自己的课桌占据了大部分的位置。接着，老师会教比例，学生学会比例之后，接着画教室在整所学校的位置,等学生画完之后,最好能找到学校的发展规划图看看。这时,家庭作业可能是让学生回家后,把自己的床所在房间的位置画出来,再画一张家里的平面图。之后,再找买房子的时候开发商提供的平面图对照一下。接着,让学生注意观察平时上学的路,先让学生口述从家到学校如何走,经过什么地方,也可以让一个学生说给另一个学生画,完了之后,交换过来,最后,两个学生一组互相帮忙,把从家到学校的路线画出来。为了详细观察路线,如果平时是坐车上学的学生,建议他们可以骑自行车上学看看。比如我的儿子读四年级的时候,有一天放学之后,他和同学一起步行回家,走了7.5公里路。这次之后,他就开始学习拿着地图自己坐公交车出门了。

地理课之后,可以是本土历史,老师可能是请学生问问爸爸妈妈或爷爷奶奶,这段路什么时候发生了什么变化,以前有什么,现在有什么。了解从家到学校的位置、方位、地形、地貌、地图等,从家到学校这块土地上,之前是什么路,什么房子,或这些房子之前是用来做什么,熟悉空间在时间的变迁上的"变迁"这个概念,也许家里有些旧照片,或找到城市的旧地图。再请学生通过比较路线和建筑的变化来学会如何看地图。

华德福学校的十一年级有测绘课,在教室里学了所有关于测绘的知识之后,老师会带领全部同学到一个完全自然的地方,选一个山头安顿下来露营一周,带上专业的测绘仪器和绘图设备。学生把各个点的海拔高度找到,把这片地的等高线画出来,根据比例,绘一张标准的地形图。在气象学的课程里,还要求学生绘出雨的分布图,季风气流图。学习海洋学的时候,绘制海洋的暖流图、海底的地沟和火山分布图。

华德福的课程特征是融会贯通各个科目,学习本土文化的时候,地理课结合了历史。高中学习地理的时候，学习季风的形成（风），自然界的水循环（水），火山的形成（火）和爆发，地质和地壳（土），从这四大元素入手。同时，学习其他科目的时候也会结合地理课，如植物学，地理学和植物学绝对不能分开来教。因为，地球是一个有机体，植物就像是这个有机体上的头发。地理学中当地的描述与对当地植物的观察一起描述，地球与植物是一体的，每一片土都背负着属于它的植物。如有些植物在春天开花，秋天结果，然后它们枯萎、死亡，继续留存于它们所属的地球。同时，又有其他的植物在它们所属的环境吸取地球的能量。如果这是地球，则植物的根就吸取其周围的能量，这些能量释放出来，一棵树便由此形成。 什么是一棵树，一棵树是许多植物的聚居地，无论是考虑一座看似无生命的土丘上长了许多植物或是一棵富有生命力的大树，仅仅观察一棵植物的本身是绝对无法了解植物的本质的。

如果去到一个新地方，看到了很明显的地质特性，比如说红色的土，你可以看看这块土地四周的植物，会发现这些植物大多数是长黄里透红的花。花属于土地，土地与植物是一个整体，就像你的头发和头是一个整体。 因此，要讲植物，必与土地相连一起讲这才是正确的，老师要让孩子们清楚地感受到地球是一个生命体，上面长了许多植物，像人的头发。植物就是地球的头发。地球与植物之不可分就像人与其头发那样不可分，它们的相互归属就像头部与头发的相互归属一样。

人到这个物质世界来，要跟这个物质世界建立某种关系，通过学习历史和地理，在这个时空中定位自己。学习地理最重要的核心是了解自己所生活的空间，生活在不同地域和气候条件下的人类，如何在他们生活的物质环境中跟物质世界和精神世界产生联系便是他们的文化。

外语课

语言不仅仅是沟通的工具，语言是文化传承和精神的归属，语言是心灵的家园。当孩子建立起心灵的家园后，才能开始学习外语。

华德福教育在幼儿园阶段没有外语课。在华德福幼儿园里，老师让孩子感受另一种语言，比如在英国华德福幼儿园给孩子唱中国童谣，德国的孩子在幼儿园唱英文歌、法文歌，每天约10分钟。目的不是教孩子外语，而是让孩子对不同的语言有所感受。在小学阶段学习外语，不必太在意孩子学到什么程度，关键是要保持学习外语的兴趣和养成好的学习外语的习惯。到了高中阶段，外语一般成为选修课，希望学生的外语水平能达到去国外交流的水平。

华德福学校从一年级开始同时教两门外语，学习外语的目的是学习不同的表达思想的方式，帮助孩子们理解和尊重另一种文化。学习表达相同的东西，用不同的表达方式，如"头"，德文是"Kopf"，英文是"head"，而意大利文是"testa"。德文的Kopf还有"一种圆形的东西"的意思，因此，德文表达"头"是从"形状"入手，突出其外表。意大利语中的"testa"还有"思考和认知"的意思，说到"头"时，突出其作用，而英文中"head"跟中文的"头"那样，有"领导或方向"的意思，表达"头"的"重要性"。同时，通过用不同语音表达同一样东西去领悟不同，如"树"的法语是"arbre"，德语是"Baum"，英语是"tree"，如果你都能说出来，可见声音是何等的不同，语感又是何等的不同。从词汇看来，法语的"arbre"有一种飘动感，细枝摇曳，像柳树那样。德语的"Baum"像是树干，有合拢、内聚和强壮的感觉。英语中的"tree"则有引向很高的地方的姿态。通过语言展现不相同的图像，如果孩子经历过多种语言，就能从内心里体验到不同的图景，从而丰富内心的世界。读者有兴趣的话，也可以探索中文的语音、语感，元音和辅音的特征。

斯坦纳认为，不要用文字把两种语言联系起来，也就是不要直接翻译不同文字的书面意思，而是要将语言直接和实物或动作联系起来。孩子会从语音表达的物体形状和对物体的感觉上学到语言。如英语中有元音和辅音非常不同的语言声音特征，元音是用来表达心灵和感受层面的，辅音是用来表达事物外在和构型。教孩子学习外语时，学习语言的这种特质跟语言的内在本质要建立起关系。

语言的学习要从孩子的内在感受出发，要和具体的事物发生联系。在现代教育中，人们已经完全失去了内在的感受。他们认为文字就是写出来的东西，或是用来抽象地描述事物。人们不再需要语言感受到任何东西。其实，所有的原始语言中，语音还有感受的和内在的联系；而语言在进化过程中，逐渐变得抽象起来，成为功能性强的表达符号。从象形文字进化到现代文字，从历史记载都是用诗歌的形式记录中，都可以看到这种趋势。

华德福学校虽然有两门外语，但是都不采用双语教育。那些讲双语的孩子不是通过外语教育学来的，他们是生活在双语环境中。如父母在家里讲外语，孩子在家以外的环境讲汉语；或父母在家里讲汉语，孩子在家以外的环境讲外语。如果孩子不是在双语环境里生活，而是通过学校学习外语，两种语言的听、说、读、写都达到同一水平不容易。

年幼的孩子学习语言很快，这是事实，他们的发音器官具有很大的可塑性；年纪越大学外语越困难，因为他们的发音器官比较僵硬，不易改变。华德福对学习外语的理念很明确，反对在幼儿阶段教孩子外语，但是，老师给孩子唱外语歌，童谣和儿歌不算教外语，而到小学阶段才教孩子外语。语言不仅仅是沟通的工具，更是文化传承和精神的归属，语言是心灵的家园。只有当孩子建立起心灵的家园后，建议再开始学习外语。如果年幼的孩子跟随父母到了国外生活，一定比父母更快地学会当地的语言，也说明了孩子的心灵比大人容易找到栖息的地方，这就是为什么移民跟移民的后代有文化冲突的原因。

音乐课

在华德福教育中，音乐教育通过艺术化的手段，把孩子的学校生活经验带入他们生命中。

黑格尔在《美育》中指出，音乐能在"心灵振奋起的那些力量之外加一把助力"，也就是说突破精神的困境需要哲学，而哲学需要音乐为助力。

音乐能丰富孩子们的学校体验，几乎没有任何别的学科能拥有这种体验方式。在学校里，音乐就是改变人生的力量源泉，能给予课堂以欢乐和光彩。音乐远远超出活跃气氛的作用。

在华德福教育中，音乐教育通过艺术化的手段，把孩子的学校生活经验带入他们生命中。

在小学期间，华德福学校的学生通过两种不同类型的教师来学习音乐。其一，由音乐专业老师来上1~2周的唱歌和乐器课程，就如同合唱团和管弦乐团一样。这些专家介绍音乐理论，指导并练习唱歌等。他们能够顾及到每位学生，使他们都接受到各种弦乐器演奏的指导，学生可以选择弹奏小提琴、中提琴或者大提琴等乐器。音乐专业老师的音乐课非常特别，他们会把音符画在黑板上，然后在音符上画上小脚，看起来好像是正在朝音阶外跑似的。他画的低音符好像矮胖子一样让人感到很沉闷；一个高音符好像尖头的战斗机一样向上升；与此同时，他唱出的所有歌曲如同鸟儿在自然界里的歌唱一样。老师也许没有刻意强调教给学生的音乐是很棒的音乐，也许就是一些摇篮曲、小夜曲、民族乐曲等。

其二，由主课老师向孩子们介绍一些音乐知识。音乐通常在主课开始时，每周最灿烂的时光就开始了，这个时光将持续半个小时，老师不会播放录音机来听音乐，而是创造性把课程内容与音乐教育交织在一起。音乐甚至被引入算术教学，孩子们在做除法题时唱一首数学歌，以便于他们能够记得计算的步骤。孩子们想展开一次音乐之旅时，地理课程也变得生动起来。

科学课教学也可以通过音乐来增强学生的兴趣。六年级的学生通过把各种各样的玻璃杯装入不等量的水，尝试着发出音阶，然后演奏一首真实的歌曲，以此拓展他们对声学的理解和音乐欣赏能力。

音乐教学还可以与历史教学结合起来，其中的妙处更是不言而喻。如果学生学习共产国际的时候，可以唱《国际歌》，他们将会体验到那些为理想而奋不顾身的人们内心中所充溢着的情感。学生通过合唱革命歌曲，能使他们感受到人类历史发展的重要转折点上的情境，这使得教学如临其境，形象生动。

音语舞

音语舞也有其不同的表现方式，音语舞是通过艺术家创造的动作形式或空间运动表现出声、调、韵、律和意境。个人或群体的音语舞表演，可以表达语言、诗歌或者童话的结构、意义、本质声调、感觉和意境，也可以表达音乐的节奏、韵律、意念和情感。

音语舞（Eurythmy）是诞生于一百年前的一种表演艺术，这个名称来自古代希腊，可以翻译为和谐而有意义的肢体动作。Eurythmy源于希腊语，Eu意思是好的、美丽的或者正确的，rhythmos 意思是度量、规律性或者形态，整个词的含义可以理解为"美好形态的流动"，或者说"流动得很好"。1912 年，斯坦纳研究人类语言表达和语音语调背后的精神意义以及形塑语言的原理法则，通过语言、音乐和心灵品质表现而发展出这一门运动艺术。

斯坦纳认为身体是可以讲话和表达丰富意义的工具，像口一样说话、唱歌、吟诗和讲故事等，但跟口头的表达不一样，身体可以表达内心真实和丰富的话语，音语舞的练习和表演者可以感受到自己的精神和身体共同工作，集体表演时还可以感觉到他人的精神存在，同时，音语舞也是群体工作的最佳艺术组合。

人们透过内在动作来感受音乐和话语，这种内在动作通常是无意识的，音语舞转化成为有意识的动作，这样，人类的身形，尤其是四肢，变成话语或是音乐的活生生图像,音语舞于是成为可以看见的话语或是具象的音乐。音语舞追求的是将音乐和语言的规律及内在结构,通过身体运动变成艺术表现。

音语舞有语言音语舞(Speech Eurythmy)和音乐音语舞(Tone Eurythmy)。最初,斯坦纳从虚构的图片中发展出音语舞艺术,最初只有语言音语舞,最先发展并且被引入到他的戏剧的一些场景中。后来,发展出了音乐音语舞,音乐音语舞发展得比较缓慢。遗憾的是,斯坦纳还没来得及把音乐音语舞计划的课程完成便离世了。

1919年,第一所华德福学校成立,音语舞就被引入并成为最重要的课程之一。如其他艺术一样,音语舞也有其不同的表现方式,音语舞是通过艺术家创造的动作形式或空间运动表现出声、调、韵、律和意境。个人或群体的音语舞表演,可以表达语言、诗歌或者童话的结构、意义、本质声调、感觉和意境,也可以表达音乐的节奏、韵律、意念和情感。这些动作的形式可以很简单,也可以很复杂。韵律动作有两个基本因素,一个是语言,从元音辅音的发声到不属于语音学的语法结构。另一个是音乐的所有元素,从简单的音调、音程到和谐定位和音乐形式。一首音律和谐的诗歌有放松的表现,我们身体上的运动也可以有放松的表现。当我们无论做什么事情,都可以表现出一种闲适、优雅与形式的和谐。闲适和优雅是由一种身体胜任愉快的感觉而产生出来的,由一种不但能把事情做得好,而且能做得很美的感觉产生出来的。表演者必须不断创造出使音乐能够流畅的空间;当表达诗歌时,表演者像是一尊会动的雕塑,整个舞台则像一幅绚丽的湿水彩画,充满流动的色彩。

音语舞能够让我们将内在与外在和谐起来,将看不见的音通过形态展现出来。当身体在跳音语舞，通过身体语言和音乐的表现时，人的内在就会自动调整内心结构或整个身体形式。语言或音乐的声音、灵魂、情绪、间隔及协调都是由胳膊和整个身体的运动和手势形成韵律，在立体运动空间上以一种舞蹈表演形式出现，使语言和音乐形式上的元素变得可视，通过视觉感到语言和音乐的灵魂。通过音语舞，人们能够学会在一般音乐或一般语言中如何使用动作，这种方法对整个人的内在秩序、灵魂及身体协调有深远的影响。

所有华德福学校的学生都要学习音语舞。音语舞在华德福教育中被广泛应用，并作为一门运动的艺术课程授给所有的学生。从幼儿园开始直到中学毕业，在身、心、灵和精神的不同发展阶段，用不同的适应方式来接近孩子或年轻人。在每周的音语舞课程中，通过韵律锻炼，孩子的生命力得以增强。仅就孩子的健康而言，学习音语舞也是十分重要的。

体育课

孩子在交换玩具中，学会与他人分享、交往和交流。在集体游戏中学会配合、协调、安排角色，甚至解决纷争等，游戏过程就是孩子学会社会化的过程。华德福教育更注重的是把教学融入游戏，如在跳绳的时候，孩子们会背诵诗歌或童谣，孩子在游戏中学习知识，学会与人沟通和相处。

　　从前，有一群猴子在海边玩耍，突然，从椰子树上掉下来一只椰子，当猴子们捡起来，正在商量如何分来吃的时候，一群狐狸吆喝着说，这是他们花了很大的工夫才从椰子树上弄下来的。猴子不服，因为狐狸不会爬树，没法证明是他们弄下来的。猴子认为既然是树上自然掉下来的椰子，那么谁先捡到就属于谁的。他们为此争论不休，最后，他们都同意去找在海边打鱼的渔民伯伯来裁决。渔民伯伯真不知道该如何裁决，于是，他说："这样好吗，把椰子给我，我把它扔到天上，让它再掉下来一次。如果猴子捡到椰子，马上传给其他猴子，让同伙看看是否还是那个椰子。如果狐狸捡到椰子，也要传给其他狐狸，让同伙看看是否还是那个椰子。如果你们哪一群有10个同伙都能接到椰子，那么椰子就是属于你们了。"

　　讲完这个故事，老师拿起球，并问我们谁想当狐狸，谁想当猴子。就这样，游戏在故事结束之后开始了，没有复杂的游戏规则，游戏活动就这样开始了。

其实，这就是华德福学校一个非常流行的游戏，老师通过讲故事的方式带入游戏规则。在华德福学校里，低年级阶段的体育运动主要以游戏为主。如在幼儿园里，包括玩沙、玩水，在地上爬、滚、跳都是体育课的内容之一，孩子们用体验人和动物的共性和人性的特点来平衡身体的发展。尤其是对于未经过爬行阶段的孩子，学会走路之后"补"爬行是必要的。所以老师会通过游戏来让孩子模仿各种动物，做出不同方式的爬行和翻滚等动作。孩子在交换玩具中，学会与他人分享、交往和交流。在集体游戏中学会配合、协调、安排角色，甚至解决纷争等，游戏过程就是孩子学会社会化的过程。华德福教育更注重的是把教学融入游戏，如在跳绳的时候，孩子们会背诵诗歌或童谣，孩子在游戏中学习知识，学会与人沟通和相处。

比如琳达在跳绳时唱着：

I go to the ocean

I go to the sea

I want Jenny come with me.

当叫到珍尼（Jenny）之后，珍尼就加入一起跳。琳达接着唱：

Jenny over the ocean

Jenny over the sea

Jenny broke a tea cup

And blamed it on me

I told Papa

Papa told Mam

Jenny got in the trouble

Ha， Ha， Ha，

Salt， Honey， Mustard， Pepper!

琳达跳了出来，珍尼接着开始扮演琳达的角色，叫别的孩子的名字跟她一起跳。

华德福学校的体育课是以身心健康和美为主题，通过玩耍、游戏和体育活动进行社会教育，培养合作意识重于竞争意识，在发展独立自我的同时，强调跟周围的人、社会、自然保持和谐。

华德福学校的课程设计和教学方法都避免恶性竞争，在体育活动中不搞评比和评奖，注重团体的荣誉和表扬个体贡献，避免拿学生来比较和树立榜样，他们的体育比赛严格遵守奥林匹克的传统精神和传统审美标准，避开对抗性的比赛项目。不过到了高中之后，就有各种社团和球队了，当然，也会与其他学校开展比赛。

博玛体操和空间体育

人类的身体就是一件美丽的乐器，这个乐器还是用来展现情感或精神的工具，通过特别体操和律动，可以学习尊重我们的身体。必需谨慎而充满意识地对待我们的身体动作，动作不应该只是为了"保健"或是"强化表达"。因此，体操和律动必须做到精准，力度与美感，以及适合人类发展中的空间性存在。

1921年，斯坦纳邀请了著名的运动教练弗里茨·冯·博玛（Fritz von Bothmer）为斯图加特的华德福学校发展体操。博玛听了斯坦纳的指导性建议后，发展出一系列给孩子的体操练习，用以协助成长中的孩子掌握自己的身体并改进肢体表达，这个体操称为博玛体操（Bothmer Gymnast）。后来，很多老师继续探索，发展出了一套名为空间体育（Spatial Dynamics）的运动。

许多华德福学校都会提供博玛体操或空间体育这两种课程。其中，空间体育不仅应用在教学中，也应用在治疗性教育、物理治疗、运动治疗、社群治疗，以及舞蹈、戏剧、音乐、建筑和社区建设等领域。博玛体操是从人类的经验及原型中提炼来的图像，就是自由而直立的人类形象，加上左右对称而形成的象征性的十字架意象，这个象征是博玛体操的起点亦是终点，也是每一个博玛体操动作中的骨架。

博玛在研究人类的精神胚胎展开时，并非从动作的抽象观念入手，而是从动作本身开始。他开始问："什么是人类真正的动作？"他发现人类的身体就是一件美丽的乐器，这个乐器还是用来展现情感或精神的工具，通过特别体操和律动，可以学习尊重我们的身体。他认为，必须谨慎而充满意识地对待我们的身体动作，动作不应该只是为了"保健"或是"强化表达"。因此，体操和律动必须做到精准、力度与美感，以及适合人类发展中的空间性存在。

博玛无法接受人类的肢体只是一组机械般的杠杆在抽象的空间中运动这样的论述。他认为人类的意识向外伸展，穿透我们的指尖，而空间触及人类的身体，直入我们的内在，由光而来的智慧，以其振动的结构支撑着人类的存在。如果你看着孩子的身体动作，就可以清楚地看见这样的空间经验。想象一下，一个八岁的孩子第一次进入体操馆，一开始动作是怯生的，但有着与生俱来的优雅和流动性。他们几乎还没被地心引力作用拖住。跨过平衡杆时，他们有股内在的信心，知道宇宙空间会撑持着他们。遇到阻挠时，他们和障碍物玩耍，不被障碍物阻挡。

孩子在日常生活中，许多活动都可以搭配简单的韵律引导而成为有规律活动。孩子渐渐觉知到自己是一个分离的个体时，便会失去那种自然而然发生的动作。博玛认识到这一点，他设计的练习也配合他观察到孩子的发展，把孩子自由表达的动作变成较规范的动作，并不是他发明了那些动作，而是发现了那些藏在人性里的动作。

手工课

在手工活动中所做的许多事情都在唤醒孩子，要求孩子们观察事物、注意细节，勤用双手可以打开神经通路，相反，它们则会萎缩。也就是说，眼和手互相配合、相互关联，这可以激发神经通路去工作。手工可以培养孩子的思考能力，也可以培养他们的美感，开发他们的情感，以便今后的智力发展更具有创造力。

华德福学校的所有年级都开设手工课，而且男孩和女孩在一起上手工课。一至五年级的手工艺，包括针织、刺绣、裁缝、编织、篮器编制等，每周两个时段；六至八年级，则以木工和雕刻为主，每周两小时；九至十年级，主要学习做家具和陶艺，每天两小时，这两个科目每学年在两周内完成；十一至十二年级，主要制作乐器和铁艺，每天两小时，也是在2~3周完成，最后的重点是学习装订书本，将学生自己编写绘制的主课本，装订成精美的、独一无二的教科书。

斯坦纳认为，手工活动可以培养人们的判断力。判断力来自于想象力，而想象力是通过心发挥作用的。形成判断的，不仅仅是我们的大脑，而是我们整个的人。想一想我们在手工活动中要用到多少种感觉——视觉、触觉、动作感、平衡感等。通过感觉，我们吸收有关这个世界的各种印象，把它们融合在一起，形成判断。我们的手将我们与世界联系得更深、更紧密，也帮助我们更好地了解人性。

在手工活动中所做的许多事情都在唤醒孩子，要求孩子们观察事物、注意细节，勤用双手可以打开神经通路，相反，它们则会萎缩。也就是说，眼和手互相配合、相互关联，这可以激发神经通路去工作。手工可以培养孩子的思考能力，也可以培养他们的美感，开发他们的情感，以便今后的智力发展更具有创造力。

在手工课上，老师可以同时教很多课程内容。首先，学生要学会一些实用的技巧，学会如何使用、爱护工具以及其他材料。此外，想好要做什么东西，要有自己的创意和设计，最后做成一件漂亮、精致的作品。亲手制作东西并看到它完工是一件很有成就感的事情，可以帮助孩子们建立自信。所以，一定要确保手工课上的所有作品都保存好，因为这些作品都是孩子独立完成的，教师最好不要暗地里帮忙，此外，还要确保孩子们按时完成作品。有些孩子需要更多的帮助和鼓励才能完成这些目标，有经验的教师知道如何指导他们而不伤害他们的自信心和成就感。在手工课中建立起来的自信心会带入到其他课程中去。手工活动所激发的意志力可以帮助孩子们学好其他课程。

手工老师也是根据孩子的年龄发展特点来教学，要研究不同类型的孩子，了解和区别对待不同的气质类型，老师要充分了解孩子，知道每一个孩子需要什么，孩子的能力能达到什么程度。某个孩子需要多少帮助才能进步，谁应该放慢速度，谁做得草率马虎，如何对待忧郁型的完美主义孩子？对于大一点的孩子，还要帮助他们自己去认识这些方面的问题。在手工课里，在老师的帮助下，寥寥几件简单的材料经过孩子们的手变成了丰硕的成果，目睹这一过程之后，孩子们会越来越喜欢动脑筋。过去家庭里常做的那些简单的事情，现在已经体验不到了。现在的孩子连缝个钮扣都不会。当孩子将细绳穿入口袋边沿，像变魔术一样拉紧袋口时，他们会兴奋不已。以后如果有其他问题需要解决，他们会更有兴趣，也更会想办法。

在手工课上，还会用到来自大自然的材料，孩子们将因此而有机会了解大自然。孩子们在实际使用中接触到毛线、棉布以及其他各种纤维，了解它们是用什么原料做成的，学习如何使用天然染料染出各种颜色，也了解人类如何使这些材料物尽其用。面对大自然所赐予我们的一切，看到人和自然的这种合作，尊重和敬畏之情会油然而生。在手工课上，我们应尽可能使用纯天然的纤维。抚摸丝绸与羊毛的感觉和使用人造纤维的感觉是完全不同的，华德福幼儿园的孩子们深深知道这一点。

在一年级的手工课上，当我们使用美丽的毛线时，老师会和孩子们讲到羊。绵羊身上的毛是如何一天比一天浓密，然后突然有一天，羊毛被剪光，羊毛剪了之后经过很多工序的洗涤，成为做手工的材料。也许可以跟孩子一起讨论羊是如何慷慨地将羊毛送给大家做围巾的；此外，也会谈到工匠们如何将羊毛纺成毛线。一年级的孩子从童话故事中知道，纺线是一件多么神奇的事情，当孩子们听到麦秆可以纺成金子时，依然会有惊奇和敬畏感。老师还会讲到，织毛线用的针是用树上的木头做成的。孩子们将因此而学会珍惜而不是浪费这些礼物。类似的材料学习一直持续到高年级，当然具体内容会因孩子的年龄、他们所使用的材料以及所学的手工内容而有所不同。在适当的时候，也会讨论现代工艺技术。

在现代社会，每件物品都可以从商店里买到，每件物品都以某种抽象的形式出现，都是用他们没有想到的材料制成的。很多人都想象不出所有这些物品的原材料是什么样子，因此也就认为这些物品似乎并无价值，而轻易地被抛弃掉，如今孩子们亲眼看到这么多的浪费现象，手工课上所做的一切可以帮助孩子与周围的万事万物建立起真正的联系，从而拉近他们与现代世界的距离。

通过手工课，他们可以真正了解自然世界，并对它怀有敬畏。

园艺课

农业生产过程不仅仅是提供物质需求，还能丰富精神需求。古代人认为"四体不勤，五谷不分，六亲不认"，因此"仓廪足，然后知礼仪"。农业耕种还要懂得敬天、尊道、施用，而且在收获的季节还有各种丰收庆典，在进食前还不忘感恩。"锄禾日当午，汗滴禾下土"这一系列的活动其实就是在建构物质生活的时候丰富精神生活。

华德福学校的幼儿园和小学一二年级的园艺课的课程目标是让孩子接触大自然和对大自然有一个真实的理解。幼儿园和小学一二年级的老师会在不同的季节给孩子时令水果和蔬菜，在幼儿园的季节桌上会反映出季节的变化，老师带孩子到外面散步会引导孩子观察植物的变化，并带一些代表季节变化的落叶或枯草等回教室，装饰季节桌。让孩子从实践活动中得到切身的经验。通过几年的实践和观察以及定期记录他们所学习的东西，他们能够认识到大自然如何运作的。老师也会常常带孩子到学校农场里散步，给菜、花浇水，给鸡、羊、兔喂食，或摘些花、菜，捡些鸡蛋回来。从农场中收获后，老师带领孩子一起动手制作或者烹饪食物。每次用餐前都有一个简单的仪式，当所有的孩子领到食物围着桌子安静坐下后，老师会点燃餐桌上的蜡烛，孩子一起念谢饭词，感谢大地，感谢太阳，感谢美味的食物。

从三年级开始，孩子们需要认识到他们衣食住行的来源很重要，也需要了解他们所生活的这个世界，以及他们是如何和这个世界联系在一起的。于是，华德福学校设计了农耕课程。在以农耕为主课的4个星期里，老师会带领学生参与翻整土地，播种麦子或其他谷物；经历收获，并将谷物研磨成面粉，再烤出面包的全过程。有的学校会在校园里开辟一小块地来种谷物，有的学校会和当地的农场或农户合作，也有的学校会安排全班学生到农场或农户家里，同吃同住同劳动，在农村体验生活一星期。

在华德福学校，四年级的时候会有以动物为主题的学习，他们会到动物园和农场里看动物，会观察不同动物的特征，还有动物的本性，学习和了解人和动物的共性和区别。五年级时，会设计一个专门学习植物的主题，通过故事、观察、绘画等艺术化的教学，让学生发现植物世界的美妙和神奇。

华德福学校正式的园艺课从六年级才真正开始，因为六年级学生的身体越来越有力量，动手能力、协调能力也都在增强。这个时候，让他们的身体参与园艺和农耕或其他有意义的劳动很重要。一个班级通常分成十几个人一组，分别轮流上木工、园艺、泥塑或其他实践课，园艺课每周两个小时。每所学校都有不同园艺教学的可能，这要看当地地理、气候和土壤等环境特色。学校农园的规模，多样性和布局应该完全按教学目标来安排。

西方很多家庭都有园艺或农地种菜，园艺是西方家庭生活很重要的部分，其实，传统的中国人也一样，只是现在的城市里，几乎没有可以做园艺或种菜的地方。我们的孩子长大之后五谷不分是很自然的。因此，城市里的华德福学校更要加强小学阶段的园艺课程，也可以让学生照顾家养动物，学会如何制作、施用堆肥等。

在农田里工作常常是让人陶醉的事情，学生能与植物、土壤、动物接触，感受天气、阳光，经历四季的变迁，会留下许多美好的心灵体验。在华德福学校，学生有机会直接体验农园的实际状况，了解农场或森林的需求，他们会看到通过自己的努力创造出了"新生活"。通过这种体验，他们能够逐渐变得乐于帮助他人以及学会分担责任。

在华德福学校里，要求九年级的学生在暑期到农场进行4个星期的调查实践活动。学生在园艺老师的协助下，通常以志愿者的身份参与到有机农场（尤其是生物动力有机农场、社区农场）开展实践调查活动。学生参与农场所需的各种工作，并以其劳动获得在农场的食宿。老师要求学生每天写日记，记下农场劳动及生活的点滴。农场调查实践结束后，每个学生还要写报告，并准备一份向全班同学和学生家长的报告展示。展示中需要介绍他们实习农场的地理位置、水土、农场的种养加工销售情况、农场中的工作人员、管理结构，以及他们自己在农场中的工作内容、感受体会，等等。有的学校不硬性要求学生到农场实践调研，而是组织九年级或十年级的全班学生到与学校有合作关系的农场劳动实践两个星期，学生轮流参与农场的各种工作，白天干活，晚上请农场的管理人员和学生分享交流。

华德福的园艺课要根据学生的不同年龄阶段，分给他们不同的任务。也要看学校农场的大小、土壤、气候和其他因素。为了和真实的生活保持一致，高年级的学生要承担起他们以前就实践过的任务，包括一些常规的园艺工作如除草，这是每个学生都必须学习的内容。如果可能的话，学生还可以学习有关林业和林地方面的工作。这不一定非得在农村才能实现，城市的公园也可以提供很多种类的树木和树篱植物。高年级的园艺课会结合农业课程，并发展到环境和生态方面的学习，根据学校的资源进一步开展环境教育的项目，包括制作气象站、空气污染监控器、净化装置等。

农业生产过程不仅仅是提供物质需求，还能丰富精神需求。古代人认为"四体不勤，五谷不分，六亲不认"，因此，"仓廪足，然后知礼仪"。农业耕种还要懂得敬天、尊道、施用，而且在收获的季节还有各种丰收庆典，在进食前还不忘感恩。"锄禾日当午，汗滴禾下土" 这一系列的活动其实就是在建构物质生活的时候丰富精神生活。

教育者对大自然的亲近和认识，可以感染孩子的自然天性和心灵内在的本质。一个没有与土地接触的人，不可能对土地有感情，对其他事物的感情无疑会是轻浮的。人不仅仅是一个物质躯体存在于大地上，还作为精神个体来到这个大自然里。我们应该心怀敬畏，感谢大地恩赐给我们每天的食物，感谢大地给我们的精神个体提供空间，让生命展开，让每个人来到这个地球上完成他特有的生命历程。

儿童的性教育

青春期开始之前的性教育跟性器官没有多大的关系，儿童的性教育首先是学会性定位，性的内涵，没有性器官参与的两性关系，认识到不需要性器官参与而产生的情感、爱、温暖、安全感、归属感等，才是人类最重要的关系。

很多成年人对性的认识都有误区，因而对孩子进行性教育时，也不知道怎样的态度是正确的，不知道怎样的方式是适合的。华德福教育是怎样对待性教育这个问题的呢？ 这里根据自己理解的华德福教育的理念谈谈我的认识。

对孩子的性教育在不同的阶段应有不同的方法。在孩子的青春期开始之前，给孩子讲关于性的科学知识是没意义的，通过图片给孩子认识性器官和生命的来源也是不可取的，这是现代家长和现代教育最容易犯的错误。这种性教育的方式，是因为很多人对性的认识太表面化。性不是性欲和性满足，并繁殖后代那么简单。青春期开始之前的性教育跟性器官没有多大的关系，儿童的性教育首先是学会性定位，性的内涵，没有性器官参与的两性关系，认识到不需要性器官参与而产生的情感、爱、温暖、安全感、归属感等，才是人类最重要的关系。

宝宝一出生，一般的家长就会给女婴穿上代表女性的颜色——粉红色的衣服，同时不会给男婴穿裙子，在不知不觉中，通过衣服和色彩让孩子学会对自己的性定位，稍大一些的孩子也许会从头发的长短来判断自己是男孩还是女孩。比如四五岁时，男孩也许会发现女孩身上少一样东西，而且她们是蹲着尿尿；当然，女孩也会注意到男孩身上多了一样东西，而且他们会站着尿尿。孩子们很容易去模仿其他小朋友小便的样子，觉得好玩和神奇，然后进一步对爸爸妈妈如何尿尿感兴趣，当然也对爸爸妈妈的裸体感兴趣。

对于四五岁的孩子来说，玩自己的小鸡鸡或对自己的私处感兴趣，或亲吻妈妈的嘴，摸妈妈的胸部或手脚，脱裤子展示自己等现象，是表现出对"性"感兴趣的动作，也许跟大人所理解的"性"不是一回事。其实，几乎所有的家长从婴儿开始就给孩子进行性的教育了，只是不同的层面而已。这个时候，父母不要故意回避，孩子可以跟爸爸一起洗澡，也可以跟妈妈一起洗澡，孩子看到爸爸和妈妈如何尿尿之后，这一节体验课就完成了。孩子玩自己的小鸡鸡或对自己的私处感兴趣，脱裤子暴露自己都属于展现自己的身体存在，是对性器官认识的第一课，是孩子在这个阶段成长过程中常见的现象，不必大惊小怪，不用刻意去矫正，除非是对身体有伤害性的行为。孩子对性的认识，从发现性器官的存在到性器官的作用（尿尿）这个过程很短，而这个时候，对性的认识仅是尿尿而已，在这个时候给孩子讲生理卫生知识，或进行所谓的性教育是没有意义的。

四五岁的孩子还喜欢触摸爸爸或妈妈裸露的手臂，有时候不但要贴在脸上亲一下，还要亲爸爸妈妈的嘴，甚至触摸妈妈或阿姨的胸部。大人不应马上联想到"性"，更不能用羞辱、责骂或打骂的方式来对待孩子，因为这是孩子对性的另一层面的认识，性不仅仅与性器官有关的行为，性也是渴望爱、温暖、满足感和安全感，甚至归属感的一种方式。因此，孩子要亲爸爸妈妈的嘴，爸爸妈妈可以有意识地去亲孩子的脸，孩子以后就知道亲哪里了。孩子如果要摸妈妈或阿姨的胸部，可以轻轻把孩子的手移到其他可以接触的地方，同时，可以抚摸孩子的手脚或背，或头脸，或拥抱。总之，给孩子示范一种表达爱、温暖和关怀的方式。

那些希望把女孩当男孩培养，或把男孩当女孩培养的家长，内心对孩子有着相反的性别期待，也会让孩子对自己性别定位造成混乱。对男性称叔叔，女性称阿姨，大地称妈妈，太阳称公公都是让孩子学会性别、雄雌、阴阳等性的基本概念，孩子从精神层面去理解性之后，才能正确理解物质层面的性。如童话故事里的王子和公主结婚，从此之后，王子和公主幸福快乐地生活在一起。这种故事是让孩子的内心世界里的阴和阳相互作用，达到最佳的平衡状态，这是为什么孩子对这些"哄人"的童话故事百听不厌的原因，童话对于孩子七岁以前来说，可以当成滋养孩子心灵的营养品。

在孩子没到青少年时期之前，首先让孩子体会到没有性器官参与的接触，获得爱、温暖、满足感、安全感和归属感。因为成长为青少年后，孩子内心中会有种孤独、被抛弃的感觉，很容易他们就会发现，通过性器官的参与，能体验到比如爱和温暖、安全感等这些感觉，因而依赖通过性行为来得到爱、温暖、满足感、安全感和归属感等等。

在幼年时期，父母所呈现出来的两性关系，也是孩子直接感受到的"性"教育之一，这种影响是巨大的，甚至会直接影响到他们成人后的"性"态度和方式。异性之间如何传递感情、关爱、温暖、爱情和性关系等都是成人给孩子的性教育活的教材。如果孩子对性的认识能达到这个心灵层面，性教育才有效。

五六岁的孩子会玩过家家、玩结婚生孩子的游戏，还可能朝三暮四地说跟不同的孩子结婚，甚至想跟妈妈或爸爸结婚，那些要跟爸爸或妈妈结婚的孩子，通常把爸爸或妈妈当英雄。结婚和生孩子，对孩子来说跟性无关。孩子玩结婚生孩子，玩过家家的游戏是通过玩来构建他们的童话世界，要知道孩子的内心生活在一个成人无法探访的世界，他们通过玩来体现他们的世界，就如艺术家通过艺术来表现他们的内在世界一样，孩子通过玩耍来表达。

青春期性教育

处于青少年时期的孩子，人的动物性表现特别突出，几乎占据支配地位。如进入青春期的孩子追求异性最为明显，也就是通常说的早恋。异性吸引也是动物属性的本质，人之所以为人是因为具有自我意识这个动物不具备的人性。自我的作用是人性起到了支配动物性的作用，所以人不会被动物性的情欲所控制而失去人性，这也就是人心灵层面的工作了。

我在英国的布里斯华托夫华德福学校实习时，针对性教育问题专门观察了一个星期。那所学校的中学生几乎没有谈恋爱的现象，而且男女同学亲密无间。在课余时间，我发现一群八年级的学生，叠着坐在一张板凳上嘻嘻哈哈地消磨时光，有男生坐在女生的大腿上，也有女生坐在男生的大腿上。我的第一反应就是这些孩子也太开放了吧，于是我对着他们举起照相机，他们纷纷给我扮鬼脸。之后，其中有一位女生过来抢我的相机，建议我坐在他们的中间照相。我很不解地问他们的老师，是否担心这些孩子会出问题，老师说不会。

不是恋爱，却那么亲近，难道没有肉体的冲动吗？我还是不解。当时，我住在一位老师的家，她刚好有一个18岁的儿子和一个16岁的女儿，我分别采访了他们。男孩乔治现在没有女朋友，他正在准备音乐考试。

"乔治，你曾经想过找个女朋友吗？"我问。

"当然想过，但现在太忙了。"他说。

我又问："那你以前有吗？"

"没有。"他说。

"难道你们班上没有女孩喜欢你吗？"

"不是，她们都喜欢我，我也喜欢她们。"

"那为什么不去找一个呢？"

"不是那种喜欢，我们很多同学从幼儿园开始就在一起了，我们的关系就如我跟我的妹妹那样，怎么可以做女朋友呢？"

"但是，我不明白我今天所看到的现象，比如女孩坐在男孩的大腿上，你们身体接触那么近，没有任何冲动吗？"

"那有什么特别，就如拥抱一样。"他对我笑了笑。

我突然感觉到文化的隔阂就在那么微妙的地方，虽然我也能接受西方拥抱的方式，甚至也能接受法国式的亲吻。但我还是不能理解青少年时期的这种亲密，这也许跟我们的文化差异太大有关。

之后，我在乔治的妹妹琳达的房间里采访了琳达。

"琳达，我想研究英国青少年的性教育问题，你介意我问一些比较私人的问题吗？"

"没关系。"

"你现在16岁了，有男朋友吗？"

"不久前吹了，现在没有。"

"他是你的同班同学吗？"

"不，他比我高两级。"

"你为分手烦恼过吗？"

"现在没什么了！"

"你有过性体验吗？"

"有，不多。"

"有些地方的学生，尤其是大学的男生，很多人追求的是跟不同的女生发生关系，并为和多位女生发生关系而炫耀，而女生刚好相反。所以男生希望自己是女生的第一个男朋友，而女生希望自己是男生的最后一个女朋友。你们是如何想的呢？"

"那也太不公平了。其实，我们女生也像你们男生追求的那样，如果她跟大家都公认的帅哥有过关系，她也会炫耀的。"

"男女生在追求跟不同的异性发生关系时，如果追求数量的话，不是很容易满足吗？不会乱套吗？"

"也不见得，一般我们还要考虑对方是爱自己还是只是冲着性而来。我们还不至于像动物那样只是为了满足性欲，没有爱情的性是一件痛苦的事。"

"你觉得有男朋友很重要吗？"

"一段时期可以，现在没时间考虑这些，因为有了男朋友就得分散时间和精力。"

"那你现在的精力主要放在哪里？"

"我想多花一点时间来学画画，我也许把画画这件事当作我的男朋友了。"

我简直不敢相信我是在跟一个16岁的女孩子谈话。

很多父母和老师都有同感，青少年阶段的性教育是一个很大的教育问题。如果把人的一生划分成春、夏、秋、冬四个季节的话，青少年阶段刚好处于夏天这个阶段。当我们面对炎热的夏天，不管如何避暑，夏天终究要过去，所以青少年问题并非是大难临头的问题，认识青少年如同认识夏天的本质以及意义一样。没有夏天强烈的阳光和丰富的雨水，很多植物就长不好，果实也结不好，如西瓜、菠萝等植物。孩子如果没有经过叛逆、质疑、内心躁动、寻求刺激、冒险等夏天般激烈的体验，个人的思想就无法形成和成熟。孩子从学会讲话以来都是喋喋不休地说话，整个意识都是向外发展。进入青春期的孩子，这种发展已到了一个极致，他们认识到自身的变化，意识开始向内发展，他们对老师和父母的教诲表现出毫不在乎，突然变得沉默寡言或脾气暴躁。

夏天强烈的阳光和丰富的雨水交融，创造了植物生长的一个潮湿和闷热的生态环境，人在青少年时期所出现的状况也是必要的成长因素。青少年问题就像融化了的冰川那样从山上流下来。如果堵它，它就会找缺口，堵的时间越长造成的压力就越大，一旦打开缺口，灾难也就接踵而至；如果正确地疏导，它就会很自然地流淌，归入大海之后就自然地平静下来。人进入成年期之后，少年和青年时期的躁动也会自然地平静下来，这也是人的自然属性，引导工作要迎合青少年的自然属性。

人的自然属性包括自然界中的矿物性、植物性、动物性和人性，处于青少年时期的孩子，人的动物性表现特别突出，几乎占据支配地位。如进入青春期的孩子追求异性最为明显，也就是通常说的早恋。异性吸引也是动物属性的本质，人之所以为人是因为具有自我意识。自我的作用是人性起到了支配动物性的作用，所以人不会被动物性的情欲所控制而失去人性，这也就是人心灵层面的工作了。

在青少年阶段，引导代表了人的自我意识发展。在意识发展成熟的过程中，引导自我追求高尚和形而上的体验，所以应该重视满足青少年心灵的需求。在这个阶段，华德福学校会通过浪漫诗词和历史人物的经典爱情故事帮助学生寻找爱的真谛，让他们通过写爱情诗歌、散文、小说甚至音乐来表达更深的情感，这种情感的释放对青少年的心灵健康非常重要，有时会发现十四五岁的孩子都可以写出大文豪才能写出的爱情诗篇。在文学和艺术的熏陶下，孩子们逐渐认识到爱情并非仅仅是身体的接触和异性吸引，跟异性的身体接触还应该有精神的意义，从而形成较为成熟的、关于爱和性的价值观，这时生理上的低级本能的需求得到了更加有意识的控制和引导，人性也就征服了动物性。

华德福教育通过爱情的故事帮助青少年揭开爱的奥秘。如排练和演出莎士比亚笔下的爱情喜剧和悲剧故事，让他们进入角色，体验爱情的幸福和痛苦。在罗密欧与朱丽叶的爱情悲剧中，他们学习主宰自己对爱的选择，对爱的忠贞不移，更重要的意义是随着罗密欧与朱丽叶爱情悲剧的结局，结束了两家的怨恨，给超越情感、性和血缘关系的爱的诞生创造了机会。

古罗马和古希腊的雕刻艺术，文艺复兴时期的绘画，也是教育青少年非常好的素材。面对全裸的人物艺术，看到的是人体美，而不是联想到人体的性；通过让孩子画全裸的石雕，他们更加清楚地了解身体的外在结构。在生理课中，通过学习人体解剖来了解人体的内在结构，同时通过学习和比较不同哲学思想和宗教信仰来了解人的精神结构。

青少年时期急切需要性知识，在了解和掌握这些知识之后，他们的生理、心理和精神方面都已趋向成熟，在爱情力量的推动下，也许他们就要亲身去体验了，这也是自然流淌的一个过程，老师和父母有责任和义务帮助他们解决技术问题，比如学会避孕等。同时必须告诉他们爱情就像一串葡萄那样，性是最好吃的一颗，把最好吃的一颗留在最后吃，时机成熟时吃起来最能体会到它的甘甜。

社会与公民教育

华德福学校帮助孩子从小就建立起这样的社区意识，通过一起玩耍，一起设计节日庆典和文化活动等，让孩子们从小到大都参与各种社区活动，为这个社区作出自己的贡献。

华德福学校有系统化的课程，帮助培养学生服务社会的意识和展现他们的社会责任。

人类就像群居动物那样，只有跟社区在一起，才能展现出一个人的本性和特征。社交关系在华德福学校的学生生活中非常重要，只有在一个班级、一所学校，以及在这所学校所在的社区里找到自己的位置，为这个群体贡献自己的力量和智慧，才能成为这个社区的一员，从而也成为负责任的个体，健康的社区生活就能建立起来。

华德福学校帮助孩子从小就建立起这样的社区意识，通过一起玩耍，一起设计节日庆典和文化活动等，让孩子们从小到大都参与各种社区活动，为这个社区作出自己的贡献。而且，华德福学校的学生一般与同样的学生和老师在同一个地方生活和学习很长的时间，彼此很熟悉。也正是因为彼此间的熟悉，才能建立稳固的社群关系。

华德福学校的高中生必须有一定的社会服务时间，不同国家要求的时间长短不一。一般采取的是全班同学在某一时间段同时参与社会服务的方式，如集体去帮助老人、残疾人和贫困的人们，给他们提供力所能及的服务。华德福学生在高中阶段，都会参加一些为本国或其他地区的弱势群体的筹款活动。

除了关心弱势群体，华德福学校的学生也会要求参与对环境保护问题的讨论以及行动。比如从大的方面，他们不仅要关注热带雨林被破坏的问题，还会从周围的生活出发，比如关注学校的环境问题。学生会参与学校里的废纸、包装袋以及纸箱、塑料和铝制品回收利用等问题的决策，而参与这些问题的决策对他们来讲很重要，可以让他们体验理想与个体意识的矛盾冲突。

我所了解的华德福学校参与的最著名的社会和公民教育项目是德国的华德福教育友好学会发起的一个叫WOW–Day的活动。WOW–Day活动一年一次，学生在华德福学校所在社区发起艺术活动或做一天服务性工作，获得的报酬全部用来支持发展中国家的华德福学校发展。以2012年为例，这一年的9月27日，来自哈萨克斯坦、摩尔多瓦、斯洛文尼亚、波兰和泰国等32个国家超过240所华德福学校参加了这一活动，同时德国也有130所学校也参加了这一活动。WOW–Day活动从1994年开始到现在，一共筹得了250万欧元，支持世界各地的华德福学校和幼儿园，这些钱都是来自华德福学校的学生在这个活动中的工作收入。

当自我完全投入物质中

意味着灵魂的毁灭

当在精神世界里找到自我

意味着自我回归人类

当在人群中保持自我

意味着建构社会感

——鲁道夫·斯坦纳

第五部分

华德福教育的实践

如何成为华德福老师

斯坦纳给所有老师提出了以下具有挑战性的训诫：必须从整体到细节都充满创造力，必须对世界和人类本质各方面都感兴趣，必须永远不向虚假妥协，必须永远不让自己固化和乏味。

2005年，一位深圳的妈妈飞到成都华德福学校，参加了一个工作坊后就爱上了华德福教育。一回到深圳，她就租了一套公寓，为自己5岁的儿子和几个朋友的孩子办一个孩子之家。她的想法和行动得到了朋友的支持，当然最支持她的还是她的丈夫。她把装修、搬运和刷墙等重活都留给了丈夫，而她的丈夫原本是很忙碌的生意人。有一天，这位丈夫实在经不起折腾了，就对妻子说："老婆，你做什么我都支持你。但是你要搞清楚，是你要华德福教育，还是你的儿子要华德福教育。再过一年，咱家的儿子就上小学了，你能为他办华德福小学吗？（当时成都华德福学校也是刚开办小学）当你的孩子不需要华德福教育的时候，你还需要吗？"这位妈妈说："都要。"华德福教育不仅仅是孩子的教育，也是成人的教育，更是教育者的自我教育。

我在讲课的时候，常常让大家回忆自己的过去：当你们还是学生的时候，什么事情让你感到最兴奋，最难忘，对自己以后的生活起到怎样的关键作用？让不同的人分享那些美好的学生生活的片段，把他们分享的片段罗列出来，并做了一个假设："任何人在学生阶段如果有机会体会到其中一些，都能想象到那份快乐。"可是，一些人在学生时代体会到的美好事情，并非老师和家长竭力为学生做的，很多时候是偶然的。教育者们并非把这些事情放在心上，让学生们体验其中的美好。同时，我也让大家回想过去的学生生活中最痛恨的、不堪回首的事情。通过他们的分享，我发现很多人都有相同的体验——比如给读书不好的孩子贴上各种标签，老师常常用不公平、不公正或让孩子不能理解的方式批评他们，让孩子受到委屈。孩子这些不良的经历对他们的心理影响深远，实际影响会远远比我们想象的要严重。

在青少年时期，学生遇到一些有理想、有抱负的老师，老师能爱学生、能跟学生打成一片，无论这位老师的教学如何，这位老师对孩子的未来的影响，会起到超乎想象的积极作用。我无法想象一群老师只是为了自己的奖金、房子、车子、前途等个人的利益而工作，而不关心自己的所作所为对学生和社会有什么帮助，也没有自己的理想和抱负，这些老师对年轻的学生来说意味着什么。我访问过的华德福学校很多，遇到过很多有理想和抱负的老师，他们尊重学生、爱学生，能跟学生打成一片，并能理解青少年的心理，能引导他们，对学生和对自己都有很高的要求，值得年轻的学生们模仿和跟随，那么，这些老师也将会对学生的成长产生极大的影响。

一般人了解华德福教育之后，都有一个印象：要真正成为一名华德福老师，很不容易，要求的确很高。虽然不是每个接受过华德福教师培训的人都能加入到教师队伍中，但很多人在成为华德福老师的路上，也学到了许多。

很多人有这样的感受，大家回忆起童年和在学校的快乐时光都会感到温暖，并曾梦想成为一名老师；也有一些人回忆起曾经在学校的不愉快经历，仍记忆犹新，所以希望为自己和后代弥补这一段经历；也有人已经为人父母，陪伴着自己的孩子走过求学的经历，觉得学校里充满着希望和力量，因而渴望成为老师。

斯坦纳给所有老师提出了以下具有挑战性的要求：必须从整体到细节都充满创造力，必须对世界和人类本质各方面都感兴趣，必须永远不向虚假妥协，必须永远不让自己固化和乏味。

在华德福学校，老师的任务是帮助、支持每个孩子成为他自己。

孩子7岁前都处于成人的爱护下。幼儿园的老师应努力做到自己的言行举止值得孩子们去模仿。老师应努力地给孩子创建一个温馨的环境，并给孩子们提供像准备饭菜、烘焙、湿水彩、绘画、圆圈游戏以及打扫整理等适当的活动。孩子并不是在被教，而是在吸入。可以通过各种各样的故事，特别是简单的神话故事，帮助孩子们"自由"地创造性地玩耍，从而激发他们的想象力。在华德福幼儿园中，玩耍是一种工作。通过这样的工作，帮助幼儿将头脑中对生命的图景带入到现实中来。

老师通过自己的生活和工作态度来引导孩子，让孩子们对周围的生活充满尊敬，对周围的世界产生美好的体验。孩子们在孩提时代体验到的尊敬以及玩耍的自由将在他们今后的人生中转化为对于每一个精神个体的虔诚的尊敬，而这正是成人社会的独立文化生活的基础。

在小学阶段，老师需要成为一个领导者，一个富有创造性的、充满激情的向导，引导孩子分辨什么是美的和公正的。老师要成为一个孩子能够信任和追随，为之骄傲、尊敬和崇拜的人。在华德福学校，老师通过图景化的描述、故事以及艺术的方式，使孩子慢慢形成对美的感觉以及关于是非公正的认识。在这里，故事来自于各种文化、各个大洲，有童话故事、寓言故事、传奇故事、神话故事和《圣经》故事等等，不同类型的故事适合不同年龄阶段的孩子。

在华德福学校，老师的动力来自于他本人和其他老师参与贡献、自我成长所带来的愉悦，而不是通过竞争和考试获得的野心和自负。比如，孩子们犯错误的时候，老师是帮助孩子对于自己的行为的后果产生图景化的理解，对于伤害他人的感情感到懊悔，通过这样的做法让孩子们懂得纪律，而不是通过吓唬、歧视，进行负面比较。例如，如果发生了有同学戏弄其他同学的事情，老师可以讲一个故事描绘出相似的情景。在故事里，受到戏弄的人的感受被生动地描绘出来，并且安排一个疗愈的过程。这样的一个过程可以帮助戏弄别人的孩子发展出更好的社交技巧。这种方式使得人际关系中的尊严受到了保护，从而为培养对人类灵魂的平等感而打下基础，而这正是成人社会中健康的权利生活的基础。

在中学阶段，老师要成为一个渊博的智者和生活向导。老师要对世界上所有未知的事物感到兴奋，随时准备不带任何成见地去探索和调查。他要成为一个寻求真理的思考者，一个践行诺言的人，一个鼓舞人心的人，一个年轻人的行为典范。这一阶段的学生在努力扩展自己的智力，发展理解和判断力，孩子们会继续学习各门学科，在学术、艺术和实际活动中寻求平衡。这时，孩子们发展的重点是追求真理，追求关于自己和世界的知识。

　　孩子对外面世界的探索反映了老师对内心世界的探索。所以，在华德福学校里，老师要努力探索孩子们日常的精神、心灵、身体上的需要。每晚临睡前，老师会想象着每个孩子出现在面前，亲切地询问他们所遇到的挑战，并探索可能的解决之道。第二天早上醒来，他们将会倾听这些答案。通过这些活动，老师跟孩子，以及孩子的守护天使之间连接起来，鲁道夫·斯坦纳认为这种超感觉的连接是人类教育的基础。

　　做一名华德福老师，首先要认识到，一名合格的华德福教师就像天空中的星星一样遥不可及，但重要的是朝这个方向去努力。学校是一个旅程，而不是最终的目的地。对于那些即将投身于教师行业的人来说，"了解自己，了解世界"这句话就像对古希腊的修道士来说一样真实，意味着一种通过内心的锻炼以及艺术的修养来了解自我，通过努力改变人生的生活方式。

　　其实，老师们要意识到自己所教的孩子的状况并相应地作出调整平衡，实属不易，这就要求老师们需要提高和锻炼观察的技能。因此，斯坦纳给老师提供了6个基本的练习，帮助老师锻炼思考、感觉和意志，简而言之，就是：清晰的思考；积极的行动；平静的内心；乐观的态度或对批评的免疫力；开放的思想；感恩的心灵。这对老师们来说是心灵健康的重要基础。同时，还通过艺术活动，尤其是塑形、绘画、音乐、语言（诗歌和戏剧）和音语舞，帮助老师发展出想象力，从而慢慢了解自己。

　　最后，老师要学会感知、理解，回答孩子的问题和满足他们的需要，成为孩子们心中真正的权威，是孩子们所接受和认可的权威。老师就像一个乐队的领导者，必须清楚地了解自己的气质类型，然后调整自己的气质以适合音乐与乐队，这样才能适应工作和孩子们的需要。

华德福学校的家长

人们往往只听到自己喜欢听的那一部分内容，也就是说，关于"华德福教育的孩子如何跟主流教育接轨？能否与以考试为主要评价方式的主流教育竞争？"之类的问题，有些人其实已经有了自己的答案。

我在国内讲课或在成都华德福学校接待参观访问的家长的时候，或向朋友介绍华德福教育的时候，通常被提问的第一个问题就是："华德福教育的孩子如何与主流教育接轨？华德福教育能与以考试为主要评价方式的主流教育竞争吗？"说句实在话，我准备了好几个版本的答案来回答这个问题。有时候，为了避免这个问题的出现，我在讲课的过程中帮他们提问，并给出答案。可是在讲完课的提问环节中，还是有人提到类似的问题。可见，人们往往只听到自己喜欢听的那一部分内容，也就是说，关于"华德福教育的孩子如何跟主流教育接轨？能否与以考试为主要评价方式的主流教育竞争？"之类的问题，有些人其实已经有了自己的答案。

的确，很多人都会在这个问题上纠结，不管是中国的家长还是其他国家的家长。我在成都华德福学校的时候，在面对这样的纠结和质疑时，曾用不太客气的方式回答，如："通常是那些对华德福教育了解不够的家长，会为这个问题担忧，因此也不会把孩子送到华德福学校。由于你的孩子不在华德福学校上学，那么这个问题对你来说并不重要。那些已经把孩子送到华德福学校的家长，就没有这个问题了，尽管他们有这样的问题，但同时也准备好了应对的方式。"

我知道，不同的家长应对这个问题的方式各不相同。

第一类：他们认为孩子在小学期间，最重要的是要有一个愉快的学习过程，不是为了应付考试。这类家长不愿意把孩子当成考试的机器。他们相信只要孩子学得开心和快乐，并愿意主动学习，即使考试成绩暂时不够好，也没关系，到大考时努力补一补就可以了。最重要的是培养兴趣爱好以及好的习惯等。可以说，这类家长是最彻底的华德福家长。

第二类：他们也认可第一类家长的观点，可是，不能像第一类家长那么洒脱，也不放心孩子在华德福学校学习。这类家长迫不及待地想要看到孩子以"华德福"的方式学习取得好成果，如果他们的孩子表现不如预期的那么好，这类家长可能会忘记了之前自己坚持什么样的观点了，于是，要么给孩子或老师施加一些压力，要么给孩子报名参加各类补习班，要么开始怀疑华德福的观点。这类家长多少都有些不知足或贪心，既希望孩子学习成绩好，考试不赖，也希望孩子快乐、健康地成长，总之，希望什么都好，都顺利。这类家长的"求全"心理可能不仅仅表现在孩子的教育上，在生活其他方面也是这样，他们不太习惯看到人和事的积极方面，而是习惯于看到其不足的一面。

第三类：这类家长更多的是从第二类家长中游离出来的，主要区别在于，看到不足的时候采取的方式不同。第二类家长非常纠结在小问题上，煎熬于他看到的华德福教育中的不足。如果家长在这些问题上不干涉，也不太过问而有自己明确的方向和目标，就形成了第三类家长。他们不会像第二类朋友那样纠结，而是知道不足的地方。如果华德福学校的问题没有让他们太失望，他们还是比较认同第一类的朋友。这一类家长已经知道自己的孩子在华德福学校可以得到什么，同时得不到什么，因此也做好了撤退的准备工作，如他们往往让孩子上完华德福的幼儿园或小学后就转学到传统学校中。

如何创办一所华德福学校

华德福教育之所以能吸引这么多有知识有文化和有能力的人埋头干那些别人看来是大材小用或吃力不讨好的事，其原因很多，不过，共同点在于——他们在创造着一个全新的工作方式、方法和环境，并乐在其中。

如果有人想办一所华德福学校，首先要做的是学习人智学和华德福教育的核心内容，并能把学习到的东西贯彻于意志之中，再去学习华德福教育的实践和表现形式。以下是我认为创办一所华德福学校要考虑的问题。

愿景

学校创办者的动机是什么?

我们期望在这个初创组织实现什么?

为什么这（创办华德福学校）对我们每个人来说很重要?

这些希望、理想、期望能实现吗?

创办华德福学校会对你的生活带来哪些变化?

这一步与你的人生会存在什么样的关联?

提出问题

我们有什么共同点?

我们之间的哪些差异是需要我们相互协调的?

我们之间的共同需要是什么?

我们这个小组独自不能做到什么,能做到什么?

我们以什么身份来做这个工作?

我们共同可能实现的是什么?

需求分析

我们曾经倾听、观察、询问过家长的期望吗?

我们正在这么做吗? 我们的进展做得如何了?

当家长表达需求时,他们真正所指的是什么?

家长所表达出来的哪些需求,是否可以融入到我们工作中来?

我们是否可以根据哪些需求进行调整和变化?

我们面临的条件和机遇,还存在着哪些制约?

家长愿意并有能力为我们所提供的服务买单吗?

我们这个初创组织能否回应到当下社会潮流?

构建方向

目标: 构建初创组织未来2~3年内如何运作的一个图景,编制小册子来表达这个图景。

初创组织的名称,以及名称的意图,名称的识别。

列出初创组织的决策人名单。

简述初创组织的历史、动机、总体目标及主要活动。

工作团队一起展望在未来2~3年内实现什么目标？将会开发出哪些活动？

确定团队的工作基本方式、基本态度，与家长、社区的关系。

确定人选

目标：发现能够与初创组织绑定、意志坚定的人选，这样可以滋养并带领初创组织前进。

在你寻找潜在的同事、支持者或者志愿者的时候，你采用哪些标准？

人们愿意并有能力承担什么样的风险？

初创组织内是否有足够的耐心、毅力、勇气以及需要成功的志向？

谁将是执行者？谁将是支持者？

在这一步，我们对他人的个人投资或资源承担着什么风险？

协同工作

目标：描述你将要组织初创组织的工作方法。

我们将如何组织自己？

我们采取哪种沟通方式？什么时候开会？谁将决定什么事情？

我们如何与我们的支持者、志愿者、赞助人、托管人、董事会成员之间产生链接？

我们的初创组织最好的合法形式是什么？

我们如何就薪酬问题达成一致？

我们自我工作的意愿有多强烈？

流程和时间管理

目标：观察和描述能够使初创组织完成任务及适合的工作流程。

完成工作所需要的工作流程有哪些？这个流程如何能以最有效的方式整合起来？

我们需要优先处理的是什么？

我们将如何规划我们的工作？

需要照顾到哪些不同的功能？

谁将是所有活动的总协调人？

谁负责制订计划？

寻找设施和资源

目标：构建初创组织所需的设施和资金的真实图景。

我们需要什么样的空间和环境？

我们想给我们的家长和同事提供什么质量的环境？

我们的投资预算是多少？

未来两年，我们预期的收入和支出是多少？

我们的借债偿还能力有多大？多少是可以通过接受资助来筹集的？

能够支持我们的人、机构都有哪些？

通过基金募集方式筹资的话，我们需要准备哪些材料？

世界各地多数的华德福学校发展历史都大同小异，最初一般是几个有开拓精神的老师和家长合作而开始创办的。当孩子们到了上幼儿园或入学的年龄时，由于家长们坚信华德福教育是他们孩子所需要的一种正确的教育，但附近又没有华德福幼儿园或学校，于是自己便组织起来，在自己的房子、地下室或车库租一片场地，把几个孩子集中在一起，自己教或请接受过培训的老师来教，有些家长为此而接受了华德福教师培训，成为专职的华德福教师。绝大部分华德福学校开始规模都很小。随着学校的发展，需要更多的学生和老师，更大的校园和建筑，学校逐渐成为了社区的学校。无论是最初的创办者或后来的参与者，他们投入的时间、精力、物资和金钱都是社区的财富，并不断地服务着这个社区。

规模不大的华德福学校运作不久，问题很快就出来了。发现的第一个问题是，成人之间不容易做到意见一致。第二个问题是团队中没有人能当领导，即使有人当了领导，其他人也不一定愿意被领导，因为这个领导并没有发工资或开除人的权力，再说他们也没有工资，只是志愿者。第三个问题就是可能分裂，因为谁都不能说服谁。本来是因为大家奔着一个共同的华德福理念而来，可是集中在一起之后，原本认同的理念并不能让他们共同走下去。因此，有人怀疑自己，也有人怀疑华德福，最可怕的是那些曾经支持过他们的人也怀疑他们了。不信任就如病毒那样，迅速散布到人群中，很快就回到大家曾经所熟悉的工作方式、方法和环境里，被人事关系折腾，这时候，一些人就会觉得理想坍塌——发现原来华德福不是他想象中那么美好。

但无论如何，依旧有很多人走在成为一名华德福幼儿园或者学校的创始人的路上。华德福教育之所以能吸引这么多人埋头干那些别人看来是大材小用或吃力不讨好的事，其原因很多，不过，共同点在于—— 他们在创造着一个全新的工作方式、方法和环境，并乐在其中。

从华德福课程到华德福学校

华德福教育是一种理想化的教育，华德福学校的工作是理想化的工作，因此，从事华德福教育的老师必须是理想化的个体。如果从事华德福教育不超越自我的需求，没考虑到他人的、社区的、社会的需求，那只能说在学校里实践华德福课程而已。

很多人接触、了解和学习华德福教育之后，找几个志同道合的家长，租一套公寓或别墅，或一个农家乐，一边参加培训一边教孩子，努力在课程内容和教室布置等外表接近华德福，因此自称为华德福幼儿之家或学园，其实，从华德福课程到华德福学校还是有一段距离的。从2004年秋天，在成都成立了全国第一所华德福学校和幼儿园到2012年秋天，全国各地有30多所小学和140多所幼儿园在实践华德福课程。跟世界其他地方的华德福学校和幼儿园发展一样，都是以非常小规模或家庭教育的方式开始。对于不了解华德福教育的家长来说，实在很难去判断哪一所是真正的华德福学校或幼儿园。

很多朋友了解到华德福教育，并发现华德福教育是一种接近完美的教育之后非常高兴。同时，也发现了雨后春笋般冒出来的学校或幼儿园，规模小，教师培训不足，办学条件差等而感到沮丧。华德福教育目前在中国的发展，还是处于开创阶段，中国目前没有一所学校能把完美的华德福教育呈现给大家，可以肯定地说，未来很长的时间里，中国也未必有理想的华德福学校出现。因为，我们很多家长希望既能让孩子自由、轻松和愉快地学习，又能顺利进入名牌大学，成功地实现父母的目标这样的华德福学校。如果有这样的华德福学校，也许要耐心地等上一段时间再说吧！尽管华德福在其教育的发源地——德国，发展了将近一百年，在德国任何一所华德福学校里，也可以看到不足的地方。华德福教育作为理念是完美的，只是实践过程中，完美的理念和现实有些距离，因此，如果看到华德福学校或幼儿园的不足，只能归罪于某所华德福学校的问题或某个华德福老师的问题，而不能归罪于华德福教育。

首先，要了解为什么有华德福教育。文艺复兴后期的欧洲，人们怀疑宗教和教会，很多学者希望通过哲学途径寻求人的生存价值和意义。斯坦纳认为应从精神科学去探讨，把他创立的人智学称为精神科学。斯坦纳认为教育应当成为改革社会的根本力量，通过教育，人的精神得到发展，社群关系和谐，社会才能文明。1919年，德国斯图加特的企业家邀请尔鲁道夫·斯坦纳创办华德福学校，希望把人智学应用于学校，实现教育推动社会文明发展的理想。希望通过华德福教育帮助个人自我改造和自我修炼，最终达到社会革新的目的。在华德福学校建立之前，欧洲很多人都能理解和认同人智学，但是，斯坦纳发现试图让成人的精神发展不容易，成人早已形成的价值观和生活方式，成人必须在实践中去体现人智学的理念。斯坦纳希望通过华德福学校的建设和发展，老师、家长以及相关的成人能在此教育过程中和孩子一起成长。

华德福教育是一种理想化的教育，华德福学校的工作是理想化的工作，因此，从事华德福教育的老师必须是理想化的个体。全球各地的华德福学校创办人，最初的想法也许只是为了自己的孩子接受华德福教育而办华德福学校或幼儿园，办学的目的本质上是自私的。当时，全球各地的华德福学校绝大部分都是非盈利机构开办，华德福学校或幼儿园不以盈利为目标，老师和家长都是全心全意为孩子的教育和丰富社区文化来经营学校或幼儿园，这样，自然就吸引一群有理想的老师和家长，后来，他们发现或激发超越自私和自我的理想。这群有理想的人，通过华德福学校而聚集在一起去实践自己的理想。

同时，也有人听说了当华德福老师是一个非常好的个人成长途径，把华德福学校当成自己修行的道场或庙宇，抱着这样心态的人迟早也会带着失望离开华德福学校。我们跟来应聘华德福老师面谈的时候，问道"为什么选择华德福"，应聘者都会说，非常认同华德福教育理念；学习华德福给自己带来很多变化；华德福已经成为自己个人成长的途径；并希望通过华德福教育而达到进一步个人成长，云云。我们再问道"你能给孩子、学校和社区带来什么"这个问题时，大部分应聘者都茫然起来，这也说明了另类自私。希望通过华德福教育而进一步成长是可喜的，跟为自己的孩子获得华德福教育而办华德福学校一样，都是从自私的自我开始。如果从事华德福教育不超越自我的需求，没考虑到他人的、社区的、社会的需求，那只能说在学校里实践华德福课程而已。

华德福教育在中国被越来越多的人认同，但有些老师和家长只追求华德福教育的内容，关注课程设置和教学内容，使用的教学材料，以及校园的建设和教室的布置等等，不太关注"我"作为老师是谁，"我"为什么要华德福教育，"我"能给孩子带来什么。

2012年夏天，在华德福教育高中教师培训的时候，有些老师非常努力去研究华德福高中的教育大纲，在参加了教师培训几节课后得到的答案是："华德福高中教的东西其实跟普通的高中教的大同小异，我们需要学习的是普通高中没有的课程。"从美国来的培训老师不断地强调，按华德福教学大纲，并且教华德福学校教的内容，只是在实践华德福教育的课程，并非是华德福教育。而教师如何教华德福课程，如何跟学生互动，如何激发学生探索，教师以什么样的状态出现，在学生面前如何呈现自己，说白了，能否成为学生的典范，才是判断该老师是否是华德福老师。未能成为华德福教育的老师，组成的学校就不是华德福学校。如，美国一些charter school（特许学校），采用了100%的华德福教育课程，并聘请了接受过华德福教师培训的老师授课，虽然这些学校也在实践华德福课程，但是，北美华德福教育联盟并不承认这些学校为华德福学校。因为这些学校未能给参与的孩子、家长、成人、老师和整个社区带来积极影响。当然，有些人不容易被积极影响，只能说是实践华德福课程，未能称为华德福学校。

华德福学校的原则是什么

根据华德福教育在全球各地的发展已经将近100多年的历史经验，学校的组织形式必须以一个非盈利机构形式运作，事实证明了非盈利模式更加容易实现以上几个条件，而教师治校是运作一所华德福学校的必要条件。

华德福教育在全球各地的发展已经100多年。从1995年去英国学习华德福教育到现在为止，我参观过的华德福学校不少于100所，包括欧洲多个国家，北美、澳洲、非洲和亚洲各国的华德福学校，以及中国香港和台湾地区的华德福学校。

华德福学校的外形和组织形式，呈现出多样化，也具备一定的本土特色，其中不少是华德福国际联盟上列出来的学校。应该说，我在走访了这么多学校之后，看到了世界各地的华德福学校形散神不散的共同特征。

在实践华德福教育本土化的过程中，大家必须把华德福教育的理念作为办学的基本原则。在此，我引用北美华德福学校共同坚持的四个原则（当然不仅仅是四个）来讨论一下。这四个原则分别是：

1.对孩子的理解是建立在鲁道夫·斯坦纳对人的认识的基础上；

2.华德福学校的教学管理是教师主导，老师可以在教学大纲规定的范围内自由组织教学内容；

3.学校独立于经济，政治和宗教以外，不受其影响；

4.教师必须经过认可的华德福教师培训，并与其他学校的老师进行交流和互相学习。

根据华德福教育在全球各地发展百余年的经验，要做到以上几点，学校的组织形式必须以一个非盈利机构形式运作。事实证明了非盈利模式更加容易实现以上几个条件，而教师治校是运作一所华德福学校的必要条件。

首先，一所华德福学校的最根本的问题是学校的归属权。国外的华德福学校一般是学校成立的基金会或协会拥有，由学校所在的社区所有，非盈利机构就是解决财产归属问题。董事会或设立的基金会（如果在中国可以办到的话）保证学校的资金需求和安全。学校的一切财务活动都要向董事会和社会公开，学校的盈余和社会捐赠必须用于学校的运作和扩展，多余部分另设奖学金，同时也欢迎和允许社会上的其他机构和个人在学校里设立各种奖学金来帮助贫困学生，或者协助其他地区的华德福学校发展。如果由于各种原因学校无法持续发展，在董事会的监督下，学校的所有财产都应拍卖或捐赠给其他华德福学校或非盈利机构。

其次，华德福学校的组织架构必须是教师治校。校董会经过授权，把学校的行政和教学相关的决策权交给教师，由教师集体决策，教师对学生的学习和心灵成长负责。教师委员会是学校的运作核心，学校里凡是与教育和教学有关的活动都由教师委员会决定，学校的行政人员协助教师，做好行政和管理工作。当然，不是任何事情都由教师集体决定，这要看校董会是如何授权的。华德福学校要达到通过合作来获得自身成长的这个目标，在管理机制上必须符合教师治校和共识决策的机制。

1919年，当第一所华德福学校在德国建立时，已经彻底改变了传统学校的行政和管理结构，而是把学校的行政和决策权交给教师，华德福学校不设立校长和行政级别，学校成立教师委员会并由教师们集体管理教学事务。教师委员会是学校教学运作的核心，学校里凡是跟教育和教学有关的活动都由教师委员会决定。教师委员会必须选出一名主席，主席应是教师代表，一般担任1~2年，有代表学校、组织、行政和对外联系以及传递信息等职责。学校的行政由教师委员会主导，授权学校的各个行政人员执行工作。按工作类别分工，与教学和教育有关的工作安排和重要决策都是在教师会议中讨论，教学以外的各种工作由行政主管负责。一般由教师委员会主席来主持会议，把需要完成的教学相关的工作罗列出来，让教师自愿承担这些工作，教师也可以自己寻找行政、助理或伙伴来协助完成。这样的管理模式客观地要求教师之间必须是密切合作，而不是恶性的互相竞争。

目前在中国，很多新创办的华德福学校一般都可以做到这一点。可是，最大的问题是很多做行政和管理工作的老师并没有接受过这方面的培训，也缺乏相关的经验。有些老师只知道掌握了决策权力，而没有为这些决策负责任，其实也缺乏能力和意愿，而且也逐渐渗入很多与教学无关的决策中。这时会出现决策权和责任不对称，很多事情成了议而不决，决而不行，行而无果，也找不到负责任的人。华德福教育的培训中有类似的学校管理的培训课程。

华德福学校的董事会是集体法人，对法律和财务负责，是学校的指导、咨询和监督机构。董事会也许是华德福学校最初的创办人组建，一般是由教师、捐款人、基金会指定代表和关心学校的人士组成，也许是学校办起来之后再成立董事会。增加新董事会成员或选新成员补上辞职的成员，都是由董事推举产生，再由全体董事表决通过。董事长由董事选举产生，董事长不是董事会的领导，而是董事会的召集人、会务主持人和代表校董会对外发布信息的人。

所有董事会成员不能因为担任董事会的工作而得到报酬。董事会在决策方面充分实现民主、独立和自治，其民主形式不是简单的"少数服从多数式"的民主，而是每个人的决策和意见都应被尊重，并试图做到在全体认同或不反对的情况下进行决策。董事会没有任命和罢免教师、教师代表的权力，董事会有权事先知道教师委员会作出关系到政治和法律有关以及学校发展方向的决策。教师委员会应当向董事会汇报日常工作、年度财务预算以及发展资金使用状况等情况。

家长联合会是华德福学校的特色之一，因为家长和学校是合作关系，而不是消费者和提供服务的关系。家长联合会在华德福学校扮演什么样的角色与这所学校的成长历史有关，同时也跟当地的文化和法律有关。一些家长联合会起到了学校董事会的作用，一些家长联合会起到了工会的作用，也有家长联合会起到了学校"保姆"的作用。学校希望通过家长来学校做义务劳动，发扬不计报酬并尽力为他人服务的精神，通过实际行动来教育孩子。因此，要求家长，最好是父母双方都能在一个学期里至少带着孩子来学校做两天义务工作。这种义务工作可以是学校统一安排在家长工作日做，也可以选择自己空余时间做。可以是做一些清洁、园艺、维修和建设等工作，也可以平时做一些跟自己的专长相关的工作，如开车接送孩子、提供会计服务、跟政府打交道、提供法律咨询或教学等。在荷兰、挪威和丹麦等发达国家的华德福学校中，教室的清洁工作一般由家长轮流做。

家长委员会最大的作用是对学校的宣传和监督作用，因为人们都希望把好东西介绍给朋友。很多家长体验到华德福教育给他们家庭带来幸福和信心之后，都在做义务广告员，并聚在一起讨论学校哪位老师好，哪位老师不好。通过小道消息的方式给予老师压力，这是一个很不好的方式，但往往是一些家长最爱做的事情之一。如果家长发现了什么问题，正确的做法是家长直接跟老师沟通，只有沟通无效后，再通过家长联合会的代表向学校代表提出他们的担心。

家长联合会对帮助学校提高教学质量和明确发展方向都会起到非同小可的作用。家长联合会的活动越有效，学校的发展就越顺利。几乎所有华德福学校都设有家长联合会，有些国家甚至有全国性的家长联合会。通过家长联合会的不懈努力，很多华德福学校的活动都会得到当地政府的支持和认可，如得到政府的经济支持和学历认可等。应该说，华德福家长联合会交流非常重要。

另外，家长对华德福学校的义务和权利都应该有清楚的界定，如界定好家长的义务：家长应认同华德福教育理念，配合学校的教学和其他活动，但不干涉学校的管理。家长应根据自己的特长和学校的需要，为学校做一些义务工作，如法律咨询、会计服务、修理房屋和当教师的特别助理，甚至可以组织和参加学校或班级的各种活动，以及组织、参加为学校募捐、筹款等活动。家长还可以充当第三方来帮助协调教师和教师之间、教师和家长之间，以及家长与家长之间的矛盾，促进教师与家长、家长与家长之间的积极交流和合作。

　　同时，家长的权利也应该清楚地界定，如：家长有权利知道学校的教学内容和安排，学校重大的决策应该事先让家长知道。家长可以通过各种方式把他们所要表达的意见和积极的建议提交给学校。如果不满意学校和教师的教学，可以通过家长联合会来表达不满甚至抗议，家长还可以要求老师解释其教学内容和形式。

华德福学校的发展模式

正如成都华德福学校的校歌所唱的"每当我发现需要做的事，如果我去做就实现"。

2004年9月，中国内地第一所华德福学校在成都三环路内一个农家小院里诞生了，当时学校的面积不足3亩地。10年过去了，学校现在已发展为幼儿园、小学、成人培训中心和活力农耕四部分，校园面积近30亩。在这里，草地和树林是孩子们游戏、活动的场所，树叶、石头、动物都是孩子们的玩伴。正如校歌所唱，"每当我发现需要做的事，如果我去做就实现。"

作为中国内地第一所华德福学校，成都华德福学校是一所开创性的学校，其创立时所处的环境、条件和机遇与后来在全国各地创建的华德福学校都不一样。因此，成都华德福学校的发展模式是不可复制的。

这么多年来，我一直在思考、探索华德福学校在中国发展的几种可能性。

方案一：与房地产开发商合作

房地产公司在开发较大的住宅项目时，一定要建设配套学校，而房地产公司一般都没有时间、精力和人力来办学。有一些接受和认同华德福教育理念的房地产开发商或许希望通过引进华德福学校来促进房产的销售。这对于华德福学校的创办者来说，可谓是一个双赢的合作机会。但是，乍看起来不错的方案中也可能存在一系列问题。

首先，要解决的是学校的所有权归属问题，而不是合作模式问题。创办一所华德福学校应该是一群老师和家长，而不是一个单位。华德福学校是一个非盈利的独立机构，而且学校的创办者和管理者必须能决定学校的发展、搬迁、合并和解散，并拥有处理学校资产的权利。如果学校创办人接受了房地产开发商提供的场地来进行办学，同时学校属于开发商，在学校发展和扩张时，开发商是否继续投入建设？如果投入硬件设施的建设，财产归属又是个问题。因此，要解决这个问题，最好的方式就是开发商按照学校的需求，把学校建好，然后出租给学校，保持租赁关系。

其次，华德福学校的经济规模是否能达到开发商的要求，学校租开发商建好的场地来办学也许是最可行的合作模式。开发商要投资建一所符合办学要求的学校需要一笔不小的投资，开发商是否愿意投入这么一笔资金？如果开发商出租学校的场地和建筑给学校，规模小的华德福学校的收入是否有能力支付开发商的租金，这些都是非常现实的问题。

再次，住宅小区的学校是配套学校，华德福教育的理念毕竟不是所有人都认同的，加上华德福学校的成本高，意味着学费偏高。认同华德福学校的教学理念和教学方式的家长同时还要能支付得起不算便宜的学费，这也不容易。

方案二: 投资者或机构投资办一所华德福学校

自从政府鼓励社会力量办学以来, 全国各地已经办了不少私立学校。无论是投资人还是机构, 如果要办一所华德福学校, 首先要清楚办学目的和盈利模式。华德福教育为一种文化运动, 学校作为一个社区生活和文化中心, 教师和学生都是精神文化的主要生产者。在华德福学校中, 教师的工作应是以追求精神财富为目标, 而不是以追求经济财富或谋求生计为目标。投资者或机构要清楚地意识到, 建立华德福学校的目的是给老师、孩子和家长提供一个共同成长的机会, 让他们丰富社区的精神文化。

华德福学校一般是非盈利机构, 投资者或机构要清楚非盈利机构的运作方式, 也就是说, 学校的利润不能用来分红, 学校的财产是归社区或社会所有。如果学校是私人所有, 就不会获得社会人士的捐赠。一般的学校可以依靠学费收入来运行, 可是很难依靠学费收入来进一步建设学校, 因此, 把学校当成一个企业或公司来运营几乎是无利可图的。不过, 华德福学校将带来一个特别的社区消费群体, 围绕学校这个社区消费群体, 还是会有一些商业机会的。

方案三: 改造一所公立学校为华德福学校

把一所公立学校改造为华德福学校在其他国家已经有这样的例子, 如美国有两所公立学校改造为华德福学校, 并且非常成功, 一所在曼哈顿的城西 (Westside), 另一所在威斯康的米瓦基 (Milwaukee)。这两所公立学校都是在中下阶层社区里, 绝大部分的学生是黑人或有色人种。这两所学校原来都存在着非常多的问题, 包括学生拥挤, 校园暴力多, 严重缺乏合格的教师等, 教育部门对这种学校几乎无计可施, 他们让学校自己寻找一切可行方式，于是，他们选择了华德福教育。他们一方面请有经验的华德福教师来任教，另一方面培训在职老师。

1998年，我曾经在曼哈顿的那所学校考察过3天。学校经过了5年的改造后，虽然与一般的华德福学校相比还有差距，但是已经是一所富有希望的学校了。在米瓦基的那所学校也改造得非常成功，而且制作了录像带宣传他们取得的成绩。

也有很多公立学校的教师和校长在学习和了解了有关华德福教育的一些理念和实践后，在教学中部分采用华德福教育的要素，如在低年级里用评语和陈列学生的作品来代替考试，用几周学习一个课题的形式来代替传统课程安排。

台湾宜兰慈心华德福学校是台湾地区最早和最大的华德福学校，目前是一所公办民营的华德福学校。该学校是从一家私立幼儿园发展起来的，园长学习华德福教育的目的是想把幼儿园办好。可是，很多孩子毕业之后，家长不希望送孩子去其他学校，园长在家长的支持和要求下，在幼儿园里"非法"办起了一年级，接着是二年级。那位园长为了实现办华德福教育的愿望，卖掉了两栋房子，几乎到了山穷水尽的地步。就在这时候，她的学校获得了政府和社会的赞赏和支持，宜兰政府把慈心华德福学校纳入公助系统，给教师发薪金。后来，政府给了一所建好的小学给这位园长办起了台湾地区最大的华德福学校。

方案四：改造一所私立学校为华德福学校

台湾地区的台中磊川华德福学校就是这样开始的。在台湾地区，幼儿园都是私立的，而且都是可以盈利的。办幼儿园就像开办企业那样，竞争非常激烈。在激烈的竞争下，很多园长四处去寻找好的教学理念和教学模式。其中，有位园长在国外接触了华德福教育后，自己去澳大利亚完成了华德福教师培训，回到台湾就决定把自己的幼儿园改造成华德福幼儿园。后来应家长的要求，老师和家长一起筹集资金办起了一所非盈利机构的华德福学校。

在中国大陆发展华德福教育，采用这种模式的可能性很大，但是，也会遇到在台湾地区发展时相同的问题，那就是学校的改造和发展需要很大的资金投入。由于学校是个人出资的私立学校，个人的资金有限，同时，教师的学习和成长几乎是不停止的，因此，教师培训的支出非常大，这样几乎没有利润回报可言。而位于台中的这所华德福学校，就是依靠很多家长的捐助来支持学校的继续发展的。

据我了解，国内也有一些私立幼儿园学习了华德福教育的模式，希望办一个实验班。也有幼儿园希望一次性全部改造成华德福幼儿园，但很多家长因为不接受或不认同这一理念而离开，最后的结果或者是园长妥协，放弃了华德福教育的实践，或者是造成亏损导致关门。无论是改造一所公立或私立幼儿园，都有一个前提就是必须全部采用华德福教育的理念，但是可以一个班一个班逐渐地来改造，暂时还没有成功的例子。很多有一定华德福教学和管理经验的老师，不太愿意为他人"打工"，会选择自己创办家庭式幼儿园。私立幼儿园要转型为华德福幼儿园，要花很多成本培训新老师，同时要留住有管理经验的老师不容易。

方案五：非盈利基金会来创办华德福学校

不少华德福学校开始都是几个人成立一个非盈利机构为法人，该机构向家长和社会人士募捐启动资金,学校的财产从一开始就是属于基金会的机构。比如泰国有一个商人先是提供自己的餐馆作为办学场地,给一个非盈利机构为进城打工的成人办扫盲教育。有一次,他请一名华德福学校的老师介绍华德福教育,十分认同。于是,这位商人把自己的餐馆卖掉,成立了一个基金会。基金会按一所标准的华德福学校所需要的设施来建立学校,以非常低的租金租给几个老师和家长来办一所华德福学校。学校不拥有任何固定资产,如果需要更多设施,基金会就继续募集资金来进行建设,并出租给学校。学校作为独立的机构运作。在这种情况下,如果基金会的管理者没有干涉到教学工作的开展,就会成为一种可持续的发展模式。据我了解,广东山海源基金会就是学习了这种模式,支持山海源学校。

方案六: 学习境外开创性华德福学校的办学经验
中国台湾地区

台湾光佑文化事业股份有限公司是一家出版教育读物的出版社,他们不但把世界各国各种教育体系、理念、实践和方法通过出版物介绍到台湾,而且还组织教育界人士到国外去学习和考察。他们定期组织教育工作者到德国、英国和澳大利亚等地考察,并在考察和学习了华德福教育后,出版了一系列有关华德福教育的书籍。很多读者在这些书的影响下到国外留学和考察,回来创办华德福学校,华德福教育就这样在台湾地区传开了。中国大陆的出版社是否可以学习光佑文化的做法呢? 这一点值得出版界学习。

马来西亚

马来西亚有一对从英国爱默生学院毕业的夫妇，在自己的家里办起了马来西亚第一所小规模的华德福幼儿园，他们收的学生大部分都是在马来西亚工作的外国人的孩子。虽然他们不对外宣传华德福教育的理念和实践，但是他们认真地结合当地文化来实践华德福教育而得到很多外国人的欣赏。当地人反而不理解为什么那些有钱的外国人不把孩子送到英国化的私立学校，而送到相对简陋的华德福幼儿园。这对夫妇把华德福教育和人智学的实践带到了马来西亚。

埃及

埃及的一位教授和一位社会活动家创办了以华德福教育和生物动力农业为基础的社区，目前已经发展到了大学。开始是在埃及的沙漠里的一个小绿洲创建以生物动力农场为主的农场，生产有机棉花和蔬菜。随着农场的发展壮大，员工子弟需要学校，但是农场坐落在人口稀少的沙漠里，交通不方便。于是，他们在农场里为员工的孩子办了一所华德福学校。那所学校和农场不断地吸引了很多学者和艺术家来到这里学习鲁道夫·斯坦纳的人智学、生物动力农业、艺术、三元社会理论和华德福教育等，而且还成立了当地的自然生态保护教育中心，现在已经发展成为一个很大的人智学文化社区。热心于自然环境保护教育的人士可以学习这种方法。

英国

英国有一所用华德福教育改造一些问题青少年的特别学校，这在华德福教育实践多年的英国也算是一个开创性工作，因为这是英国第一所这样的学校。有一名在华德福学校任教多年的华德福老师，买了一个被遗弃的农场办这所特别学校，专门收一些被传统学校赶出来的、流浪街头被医生诊断为弱智的或者是在精神疗养院接受治疗的学生。这位老师一共收了17个13~18岁的青少年，他带着这些孩子到农场，一起把房子全部维修好，并在那里建立了陶瓷、木工和石雕作坊，另外还开了一家面包房和礼品店，学生的作品和成品都可以在那里出售。在这些艺术创造和劳动之余，老师教他们朗诵诗歌、大合唱和排练莎士比亚的话剧，并且通过给公众演出莎士比亚的话剧来募捐，结果，他们每年都在欧洲各国巡回演出。看过他们演出的话剧的人，无不为这些孩子的表演感到吃惊，这些曾经成为社会负担的孩子，终于找到了他们自己的位置。

巴西

多年前，一位退休的德国籍的华德福老师去巴西圣保罗贫民窟帮助教育失学孩子，他和一些当地人用遗弃的汽车车厢办起了一所华德福学校。这项工作鼓舞了很多年轻人，他们自愿并自费到巴西的贫民窟帮助失学孩子。为此，联合国教科文组织给予了很高的评价。后来，相继有人把生物动力农业、人智学医学带到了巴西。目前，巴西是除欧洲以外，生物动力农业和人智学医学发展最发达的国家。

华德福学校能否通过商业模式来运作

斯坦纳认为，华德福教育是一个社会革新的运动，教育不应该受到经济、政治和国家的影响，学校没有校长，教师自治学校。这些强有力的原则奠定了华德福学校在教学上的独立性。在普通学校，人的成长是通过被教育实现的，而在华德福学校则是通过自我教育实现。

我在加拿大温哥华岛的华德福学校担任过校董，有一次，学校请来一位来自美国的管理顾问，给学校全体行政人员做培训，我以校董身份参加学校管理培训。培训期间，我提出一个在中国常常被问到的一个问题："华德福学校可以是盈利机构吗？"我以为他会就这个问题探讨一下，可是，他马上反问我："为什么把华德福学校办成盈利机构，目的是什么？"我马上明白，并学会了以后如何回答这个问题。

在斯坦纳的《人类的研究》一书中，他谈到"华德福教育是一个社会革新的运动，教育不应该受到经济、政治和国家的影响，学校没有校长，教师自治学校"等内容。这些强有力的原则奠定了华德福学校在教学上的独立性。华德福教育应该是一个全新、能推动社会进步的教育运动，它的价值体现在这个教育以全新视角、真正在研究人类本质的基础上去进行教育的创新和实践。这不仅仅是在教学领域，也应该包括学校的管理、组织结构、经济体系等非教学的领域。简单来说，华德福学校的管理也应该是一个以人为本的、符合现代人类的意识发展、具有道德良知的一个创新模式，而不是一味地延续旧有的学校管理模式。

斯坦纳认为，个体意识醒觉使得我们每一个人都可能独立地寻求自己的精神生活。而个体精神发展的首要条件就是个体精神的自由和独立。斯坦纳希望华德福学校能帮助学生迈向精神自由和独立的旅程。符合华德福教育精神的学校是在尊重个体精神的自由和独立的基础上，通过成人之间的合作和相互学习从而获得心灵成长而建立起来的学校，孩子的教育只是学校的一部分，自由和独立的精神才是华德福学校的全部意义。

在华德福学校，个体不是通过接受教育实现成长的目的，而是通过自由、独立和平等的合作，在工作的过程中实现的。由此可以看到华德福学校和普通学校的不同。在普通学校，人的成长是通过被教育实现的；在华德福学校，则是通过自我教育实现（对孩子也是一样）。在普通学校，老师来上课，教育学生；在华德福学校，老师通过与其他老师、成人的合作，并在与孩子的合作中，实现教育的目的。

华德福学校和那些具有商业性质的学校本质区别在于：一个是为了创造精神财富而需要物质基础，一个是为了创造物质财富而需要文化活动。商业性质的学校在创造物质财富的同时也许会创造精神财富，但是创造精神财富不是第一目标，而华德福学校的第一目标是创造精神财富，在创造精神财富的同时也会获得物质财富，物质财富的收获不是华德福学校的目的，而是创造精神财富过程中带来的副产品。当然，两者之间取得平衡才是正道。用斯坦纳的话说："追求真实的物质生活时，不要让追求的方式使我们麻木起来，不要使我们感觉不到在物质中起作用的精神。另外，我们要追求精神，不要让追求它的动机是想获得自私精神的感受，应为精神离不开物质，物质离不开精神。"

在筹办华德福学校中，我发现有一个共性，那就是精神准备比物质条件的准备更重要。每一个参与的人都要准备好与他人真诚合作、和平共处，并在合作和冲突中发现自己。老师和家长参与学校的工作或发展，都会是孩子学习的对象。孩子、家长和老师的自身成长能不断给社区带来精神财富，他们是精神财富的生产者。老师、行政人员获得工资，不能算是劳动和金钱的对等交换，付出或获得常常不是同一回事。如果有丰富的物质条件回馈老师，可以让其获得继续创造精神财富所需要的物质保障。在华德福学校，收取的学费是根据学校的开支来决定，也是让学校获得能继续创造精神财富的物质保障。华德福学校也许不能给创办者、家长和老师带来很多物质财富，但在这里学习和生活的过程却是一笔丰富的精神财富，无法用金钱来衡量。

华德福学校必须是非盈利机构吗

华德福学校是文化机构，是生产社会文化和让参与者实现个人价值的机构。参与非盈利机构的本质意义就是给予——热心人士提供资金、时间或提供领导。

从社会组织看，所有的机构都可以归入三类：政府机构、公司机构和非政府机构（或非盈利机构）。政府机构的职责是行使公权力，服务于纳税人，维护社会公正和公平，保护公民的安全和基本权利，而维持机构的运作资金来源于税收，政府机构的归属权应该是全体公民；公司机构的使命是创造财富和提供有偿服务，提供劳动和就业机会，维持机构的资金来源于投资和利润，或提供服务的收费，公司机构的归属权可以是属于政府或私人；除了公司机构和政府机构以外的所有机构都应该是非盈利机构（非政府机构），真正的非盈利机构不应该是归属于任何政府、公司或个人。非盈利机构应该归属于社会或社区，负责运营非盈利机构的成员对机构的财产负责，因为非盈利机构的目的不是行使公权力，也不是追求利润，而是生产社会文化和让参与者实现个人价值。

有些非盈利机构也是慈善机构，慈善机构一般不收费，因此没有营业收入，运作慈善机构的经费来源于个人或公司捐款、政府的慈善基金。如果机构提供服务并收费，就不属于慈善机构，而是属于普通的非盈利机构，如学校，学校的经费来源是多样化的。学校的资金无论来自何方，在遇到资金不足于运作时，不是慈善事业的学校就会选择提高收费来补充。

非盈利机构在运营时，与公司机构并没有很大区别，但是，其机构的盈利部分不能通过分红或提成的方式来分配给机构的成员或出资人，而应该存放在机构中用于继续发展。非盈利机构的财产不归属于个人或政府，任何国家的非盈利机构的管理条例中都声明了这一点。

在任何政府机构、公司机构和非盈利机构工作，参与人都有权利获得劳动报酬，除非是以志愿者身份参与的除外。有的人通过在非盈利机构提供资金、时间或提供领导实现自己的价值，也有人选择在政府机构或公司机构中实现自己的价值。

如果华德福学校作为非盈利机构运作，捐赠者或董事会必须通过授权让那些有时间、领导力或自愿的人实现大家都认同的价值，从而达到华德福学校成立的目的。事实也是如此，几个认同华德福教育的家长或老师，与其他认同华德福教育的朋友在一起，把认同的华德福教育赋予行动，创办一所幼儿园或学校，给自己的孩子和社区提供大家认为健康和优质的教育，个人价值就这样实现了。

也有人曾经提出：学校作为一家公司机构，是不是也可以通过公司化的运作来为孩子和社区提供大家认为健康和优质的教育？提供优质的教育，可以获得良好的经济收入，应该是两全其美啊！

如果学校是一家公司机构，资金的来源即决定了机构的归属是个体的或是股份组成的。美国有政府提供资金和场地的公立华德福学校，可是美国的华德福教育联盟不认可这些学校为华德福学校，原因是学校的权属和管理机制不是利于人的价值实现。如果资金来源于投资者，就有资本的代言人或托管人，并通过机构的运作决策和利润分配表现出来，公司机构的决策本质是资本在发言，而不是人在发言。如果资本的代言人或托管人能全权委托教师委员会来负责学校的运作和决策，像投资公司买股票那样，只是看报表、分红、投票相关决策，不参与学校的行政和管理，这样行吗？有资金投入学校的人，放心给那些华德福老师做学校的管理和经营吗？投资者如果是为了实现自己的价值观，能不真正参与学校的管理吗？如果学校亏了，谁为投资人负责债务呢？学校有了利润之后，投资人是拿走利润还是留着发展呢？是老师，还是投资人决定利润如何分配？教师制定好的教育政策时，会增加成本，也许会使得学校负债，教师有这种决策权吗？教师负责债务吗？这一系列的问题，都需要有人来回答。

我想，每个人都期待两全其美的事情发生，如果你有资金投入办一所华德福学校，并且相信也可以通过公司化的运作来为孩子和社区提供大家都认为健康和优质的教育，同时也能获得良好的经济收入，为什么不去实践这样两全其美的事呢？如果没把握和没有能力实现两全其美的事，那么至少先实现一个愿望吧。

华德福教育和文化社区

"当一个群体的灵魂能显现每一个个体的灵魂，同时，每一个个体的美德能在群体中鲜活起来时，健康的社会生活就能建立起来。"

"社区"这个外来词应该是从英文community翻译而来的，这个词是由com和munity组成的，com有共同信仰的意思，munity是有联合体的意思，因此，由共同的信仰的人组成的生活共同体才是community（社区）。"社区"这个概念让人赋予很多想象，官方和商业也在频频使用。原来的街道办成为了"社区"，新建的商品楼也称什么国际"社区"，可以想象一下在这样的"社区"里生活的人都有哪些共同的信仰，可以说是滥用了"社区"这个概念。街道办的"社区"本质就是一个行政单位，而商品楼盘"社区"本质就是一个邻里关系。随着经济的发展，社会结构的变迁，原来的村庄和单位等类"社区生活形式"在消失中，人们被都市综合征困扰着，"社区"的概念被想象成为"有良田、美池，桑、竹之属，阡陌交通，鸡犬相闻"的天堂。现代的都市人生活在人堆里却非常孤独，非常渴望生活在这样的一个鸡犬相闻的社区里。这种经过被想象出来的"社区"略带烂漫色彩。

1998—2004年，我在美国纽约的春之谷Fellowship Community

（同胞社区）生活了将近七年。开始是以实习生的身份去学习和研究人智学社区文化，并完成了我的硕士论文，毕业后就在那里工作。在那里生活的几年，我的收获非常多，不仅仅是学习参与生物动力农业，学习维修房子、汽车，学习护理老人，学习人智学的药物的设计和开发，也参与日常管理和基金会管理，同时也做了很多木工的活，做过幼儿园代课老师，等等，对人智学社区有了很好的理解和实践。大约在2000年，我给台湾地区的一家杂志写过一篇名为《桃花源新村》的文章，描绘了我生活了将近七年的Fellowship Community（同胞社区）这个人智学理念下的社区的生活，那个类似陶渊明描绘的《桃花源记》中的地方，让很多对华德福教育感兴趣的人梦想有一天能生活在这样的一个社区中。

2004年夏天，我们全家回到了成都东郊的琉璃场，与一群对华德福教育和人智学社区感兴趣的朋友一起建立了一所幼儿园、小学和华德福培训中心，把梦想付之于行动，实践我们社区梦想。当时，在成都华德福学校现在的校址上，租了一个破落的农家乐，实践社区模式的学校。与学校有关的所有成人，包括华德福学校的老师、行政人员、家长以及从外地来成都学习的学员，学习华德福教育后发现，他们并非单纯为教育孩子而来，最重要的是通过孩子在学校接受的教育，自己获得了个人成长；同时，成人自身的成长自然而然地影响到孩子，给孩子的成长提供示范。成人正是通过这种正确教育孩子的方式来提升自己的心灵。

于是，当很多人有愿望并付诸行动创办一所华德福学校时，马上想到要创办一个社区。因为，华德福学校的家长和普通学校的家长非常不同，家长要给学校做义务劳动，以不同的方式参与学校建设和筹款，参加学校的庆典活动，发扬不计较报酬并尽力为他人服务的精神，家长要通过实际行动来教育孩子，同时还能起到给学校宣传和监督作用。无论是捐款人、出资人、老师和家长，都是出于自由和独立的意愿参与到学校的建设和发展中。华德福学校实际上并不是普通意义上的学校，而是一个以孩子为中心而形成的社区。

当我们的个体意识觉醒后，就不再愿意去盲目或跟随权威，迷信和膜拜权威，同时，每一个人的自我都在无限地膨胀，一方面强烈要求精神上的自由和独立，另一方面又未能独立地发展自己的精神生活，并渴望心灵成长达到最高的精神境界，从心底里找到精神的出路，包括华德福学校老师在内的现代人都深深面临这种困境。要面对这种困境必须对自己的心灵负责，并履行与他人合作、和平共处的义务。带着这样的意识工作和生活，才能够做好华德福教育的工作，对华德福教育这个社区的发展才有帮助，这是一条充满坎坷同时又被光照耀着的道路。而实践华德福的核心就是形成一个健康文化社区，这是华德福人一生的事业。

现代人的自我意识发展到了非常独立的阶段，人的自我意识发展独立起来之后，带来的消极影响是孤独，难以相信他人。作为独立的个体，在群体中既要保持独立精神，同时能跟群体合作是现代人的最大挑战。可以说，鲁道夫·斯坦纳在这个问题上看透了现代人（指具有清晰的个体意识的现代人）的底细，他创立的人智学是让不同的传统宗教背景、不同的哲学观点、不同文化环境的人解决信仰危机问题，找到生存的价值和意义。他强调人智学只是一条可供选择的途径而已，而且，学习人智学不是通过关在屋子里听演讲，参加读书会，自己听录音和看书，或通过各种灵修方式来获得的。人智学是一门实践性非常强的学问，必须运用到自己的生活之中，如在学校、农场、医院、企业、银行等地方，只要有人群活动的地方，都可以运用，其核心就是建立一个健康的社群关系。

人类的生活活动从早期的成群结队狩猎为生到现在，人与人的群体生活依赖合作，这一生存法则并没改变，只是合作的方式在不断发生变化。华德福学校的使命就是建立一个健康的合作方式，形成社群生活。不同的人在不同的领域中发挥自己的才能，既能自我定位，又能跟群体合作，在工作和生活的过程里教育下一代。从华德福社区输出的精神文化，会像磁铁那样吸引人们参与进来，并丰富它。人们分享到其精神财富，同时也能丰富社区的文化。正如斯坦纳给华德福学校老师的颂词所言："当一个群体的灵魂能显现每一个个体的灵魂，同时，每一个个体的美德能在群体中鲜活起来时，健康的社群生活就能建立起来。"

华德福教育发展了100多年，
为什么还是非主流教育

只有把教育跟孩子的精神个体联系起来，教育才可谓进入了实际阶段，因为教育不仅仅为了配合人的自身成长，还要配合人的灵魂和精神发展。孩子不仅仅是一个小孩，而是一个还未成全的未来精神个体。

2000年初，我被邀请到国内某师范大学教育科学学院给研究生上课，课程的名称是跨文化教育，实际内容应是教育哲学。我记得有一次，我请学生回顾一下曾经学过的古今中外的教育理论和教育实践。他们很快就罗列了一大串的教育家，从孔子、韩愈、朱熹、蔡元培、陶行知到柏拉图、亚里士多德、卢梭、夸美纽斯、杜威、凯兴斯泰纳等，还简要地陈述了一些教育家的教育思想。听完之后，我提出了一些问题：在这些教育家当中，哪些教育家的教育思想得到了实践？其教育思想对主流教育的影响如何？哪些教育思想依然以非主流教育的形式存在？他们对我把教育分为主流教育和非主流教育感到困惑。

当时我无法引用某位权威人士的"标准概念"来说明什么是主流教育和非主流教育，概念化的教育不能表达我将要表达的内容，于是，我试图根据英文mainstream education（主流教育）来进行形象化的解释。主流教育思想就如长江的主流（mainstream），是由金沙江、雅砻江、嘉陵江、乌江、大渡河和汉水组成了长江的这个主流。主流教育是实践国家教育行政部门所倡导的教育理念和教育目的，实践着相同的或相似的教育方式和方法，或行使统一的教育方针政策的公立和私立教育，主流教育是相对于奉行其他教育理念和目的，实践着不同的或独特的教育方式和方法的私立学校、实验学校、教会学校或国际学校等各类非主流教育而言的。

非主流教育是从英文alternative education意译过来的，alternative直译的意思是"可供选择的，另一类的，或其他的"。其实，汉语用"非主流教育"来统称这类"可供选择的，另一类的，或其他的"教育是非常恰当的。

教育的目的应该是帮助每个人去认识、学习、了解并掌握自己的精神、身体、生活环境、文化遗传和使命等特质，从而找到自己的使命。由于每个人都是一个独特的精神个体，因此，孩子不是靠成人"领"着来探索自我，而是凭着人内在自由的心灵去寻找通往精神世界的道路而"返回自然"。

由于回答"孩子是谁"这个基本问题的答案不同，从而产生了不同的教育流派，不同的教育流派就如雅砻江、嘉陵江、乌江、大渡河和汉水等支流那样注入了长江。流水潺潺，百川到海是自然在"返回自然"的途上。不同的河流（streams），从不同的源头出发，经过了各种崎岖和山脉，奔向精神的故乡——大海。水象征着人的思想意识和精神个体，各种流派的教育思想象征着河流，人类的思想和精神就如同河流那样，各个精神个体在多元化的环境下，才能找到适合的途径，最终达到其精神的家园。

在注入了长江的河流中，有流量大的江河，也有流量小的小川，其中有清澈的水，也有污浊的水。如果为了防止一些污水流入长江，人为地把其他所有的支流和小川都堵塞了，那就违反了基本的自然规律。

从历史上来看，一时的主流教育可能成为另一时的非主流教育；相反，某些非主流教育也有可能成为主流教育。

如果长江只有从通天河到金沙江这条主流河流，而没有金沙江、雅砻江、嘉陵江、乌江、大渡河和汉水的汇合，长江就不能浩浩荡荡地穿越东西，成为中国最长的河流，并哺育中华儿女几千年。如果先秦文化不是诸子百家、百家争鸣的局面，也许就没有灿烂的中华古文明。

华德福教育是非主流的教育，在西方国家里，除了政府主导的教育外，还有很多非主流教育形式同时存在着。问题是，华德福教育作为一种比较先进的教育，为什么经过这么多年的发展还是处于小众教育的地位呢？这个问题我也思考了很久，后来我试图用另一种方式来回答这个问题：华德福的教育理念符合人性发展，倡导和平，尊重自然，尊重个体的同时也能和群体合作，而这些特征可以通过华德福学校的老师、学生和部分家长体现出来。假如这些特征在现代的社会里成了主流，我们不就生活在一个文明、幸福和谐的社会里了吗？实际上，要生活在一个文明、幸福和谐的社会，需要靠我们去创造，而不是别人创造好之后再给我们来享用。

大多数国家所倡导的主流教育，特点是追求效益和实用。在主流教育中，人的灵魂和精神世界被认为是教育不可触摸的地方，所有关于精神生活的领域，不是用娱乐的方式打发，就是归入宗教领域。现在，科学技术到了无所不能的地步了，可是教育界对人的灵魂和精神世界的认识只是停留在心理学层面，而且心理学也进行技术化和数字化发展。

　　为什么某些原来属于非主流的教育或思想能得到强大的宗教、经济、政治和军事力量支持，而发展成为主流教育或思想呢？答案很简单，在宗教、经济、政治和军事领域中，有权力的人知道教育和思想的重要性，用尽一切方法来控制教育，并通过控制教育来达到为宗教、经济、政治和军事服务的目的。学校要得到政府的财政支持，就得执行教育政策；教会学校要发展，也要实现教会的信仰；一些大公司在各级学校和研究所设立的奖学金和提供资助，目的就更加明显了。

　　所以，回到上面的标题中所讲的，华德福教育为什么还是非主流教育呢——因为一个文明、幸福和谐的社会，需要靠我们自己去创造，而不是靠政府、教会或者公司机构支持。

华德福教育如何与主流教育接轨

每一个人来到这个世界都有自己的天性和自己的使命，每一个孩子都会有各种各样的梦想。华德福教育的方向和目标就是帮助孩子追寻他们的梦，追求生活的目标和实现自己的使命。虽然不是每一个孩子都能"成龙"，但可以肯定的是每一个孩子都能成为自己——这就是华德福教育的目标之一。

很多家长都问我，从华德福学校出来的孩子能不能融入主流社会。对于这个问题，我也思考了很久，可以说，从创办成都华德福学校的第一天开始，我就无数次地面对这个问题。

我知道传统学校宣传自己的学校时，往往是通过毕业的学生都去了什么样的学校，或者从这所学校毕业的人都从事什么样的职业，然后罗列一串的名校和一串的名人来进行宣传。但是，华德福学校往往不是这样的。

首先，华德福学校是宣传华德福教育的理论和实践，而不是具体某所学校。其次，能称为"华德福"的学校依然坚持一百多年前斯坦纳所提出的那些教育理论和实践，其教育的核心理念和价值观一直没有改变过。因此，华德福学校不像其他学校，用毕业生的去向来说明学校的水平。家长必须清楚你是需求教育而到了华德福学校，而不仅仅是寻找某一所学校。

学生在进入华德福学校的时候，学校并没有采用考试的方式来筛选学生。很多华德福学校要做到坚持"有教无类"和与学生结缘的原则，有能力的老师甚至接受患有自闭症和其他学习障碍的学生。教育孩子的目的，是帮助每一个孩子成为他自己。也有很多华德福学校的毕业生上了名牌大学，也有一些毕业生非常成功。当然，也有华德福学校的学生与众多其他学校的学生那样，过着平凡的生活。

华德福学校强调孩子的合作和关系，孩子掌握好与人相处的方法。华德福学校一直都把创造力放在最重要的位置，希望培养孩子的创新思维和精神。华德福教育努力培养孩子的信心和勇气、坚持和专注，爱好学习。如果华德福毕业生具有这些品质和特征，那么，他们在任何社会中都能适应生活，并接受挑战。

华德福教育的目的不是把学生推入名校或教育他们以后选择世俗意义上成功的职业。华德福教育是人的教育，人无论接受什么样的教育，都是个人生命旅程中的一段经历，华德福教育的人可能从事不同的职业，包括在家带孩子做全职妈妈或爸爸，但也是一种职业。

很多人关心华德福学校的毕业生都上哪些学校，他们毕业后都做些什么工作，取得什么成就？1994年，德国华德福教育友好协会应联合国教科文组织邀请在日内瓦展示华德福教育时，对华德福毕业生做过一次调查统计，后来出版了《Waldorf 教育》。2004年，美国华德福教育协会也就这些问题调查过2900多名华德福毕业生，发表在美国华德福教育协会的 "why waldorf work" 网页上，毕业生中有总理、政党主席、国防部长、教育部长、电影明星、大导演、著名的艺术家、作家、建筑师等等在商业领域获得成功的人。

然而，把孩子送到华德福学校接受教育的家长和从事华德福教育的人却很少关心这些调查和评估，因为他们对华德福教育的理念与实践深信不疑，很多父母是看到孩子到华德福学校后，生活得很健康和快乐，从而强化了对这种教育的信心。更多家长是注重培养孩子的个性和自然发展，寻找适合孩子发展的学校。一些家长自己虽然对华德福教育不太了解，但是把孩子送到华德福学校接受教育的原因是，看到了华德福学校的老师的奉献精神，真正是为孩子和学校而工作；而其他学校里的很多教师是为了假期、薪水等而工作。

望子成龙是每一个父母的心愿，但这也是一个非常不实际的理想。很多家长对孩子的成长似乎非常清楚，但即使是在不断的努力下，却仍然只有一小部分人可以达到家长的目标，但这部分人并非都能找到自己的生活目标和快乐。

其实，每一个人来到这个世界都有自己的天性和自己的使命，每一个孩子都会有各种各样的梦想。上或者不上大学，上什么大学，这只是个人使命中的一部分。华德福教育的方向和目标就是帮助孩子追寻他们的梦，追求生活的目标和实现自己的使命。虽然不是每一个孩子都能"成龙"，但可以肯定的是每一个孩子都能成为自己，那就是华德福教育最重要的意义，就是华德福教育的目标之一。如果学生能清晰地寻找自我和生活的轨迹，并对自己和生活充满信心，那么生活也不会辜负这样一个有心人，这才是他接受华德福教育的意义所在。

★ 中国大陆数位华德福学校的老师和家长倾情分享 ★

在家也能华德福

让我们从家庭生活的细节开始，
一起踏上迈向健康、自然和自由的教育之路吧！

目 录

父母改变　孩子改变 1

营造一个真正适合孩子生活的居家环境 2

让孩子在自然的节奏中成长 5

将音乐的艺术滋养带给孩子 7

这样给孩子讲故事，童话里有生命的力量 8

与孩子这样旅游，发现大自然之美 10

和孩子一起做厨艺 12

这样与孩子一起做手工 13

当你发现自己的孩子与别人的孩子不一样 15

如果孩子生病发烧了怎么办 18

父母改变 孩子改变

家庭是每个生命的原点，父母是孩子的第一位老师，是他们模仿的对象。

纪伯伦说，你的孩子不是你的孩子，他们是生命对自身的渴望而诞生的孩子。孩子既不是父母的私有财产，也不是因父母未完成的心愿而来，甚至不是生命的简单复制——所以，作为成年人的父母需要从生命的高度去尊重和接纳孩子。

你可知道，孩子不需要教育，需要教育的恰恰是周围的成年人——父母希望孩子成为什么样的人，自己就先得成为他们值得学习的榜样。

每个生命都有他自己的密码和规律，父母需要多花一些时间去学习和成长自己，尊重和了解生命成长的规律，给予孩子成长的时间和空间——别担心，孩子会慢慢成长，而父母真正能够带给孩子的恰恰正是在这个共同成长的过程中所传递出来的精神品质。

可以说，温暖而和谐的家庭氛围是孩子生命成长的最好营养，父母需要多花一些时间充满着爱地陪伴孩子，为孩子创造积极和健康的生活方式。

比如：

万物皆有时，给孩子们设计合理的生活作息节奏。

走下厅堂，走进厨房，从孩子的胃口调整开始，营养而健康的饮食是孩子物质身体摄取最直接的营养。

孩子是生活在万物皆有灵的世界中，自然而有生命力的玩具是孩子天生的伙伴，带着你的爱去创造属于孩子的真正玩具。

天地有大美，真实而美好的事物是最能带给孩子感官滋养，请远离电子媒体的熏染。

游戏玩耍是改变一切关系的法宝，请父母行动起来，带着你们的想象重新跟孩子经历捉迷藏、过家家的童年乐趣。

多花一些时间，和孩子一起自由地在大自然中奔跑吧，那才是真正属于他们的地方。

放开歌喉，跟你的孩子一起歌唱吧，孩子会从你们那充满热情的歌声中听到生命的热情和情感的滋养。

与孩子一起，涂鸦画画；与他们一起浸润在美好的童话中，这些就是孩子生命成长中家长带给孩子的最好礼物。

营造一个真正适合孩子生活的居家环境

如果孩子能在玩耍时将整个人交给环绕他的世界，则在未来生命的严肃任务中，他就能够有自信地奉献自己，为社会服务。

——鲁道夫·斯坦纳

孩子是活在感官认知中的，他们会对看到的东西摸一摸，闻一闻，看一看，甚至尝一尝，假如整个家庭的设计都是成人为主的物质化的摆设堆积在家里，不能碰也不能动，又或者堆满了很多无法收纳的东西，使得孩子没有空间去放松，没有允许玩耍探究的地方，孩子的安全感怎么建立？所以，很有必要用心营造出适合孩子轻松活动的居家空间。

那么孩子在家的环境应该怎么去营造呢？

首先建议空间色彩不要太多，有一个主色调是适合此年龄段的心理需要，比如幼小孩子颜色选择偏温软的红，也可以是玫红、肉色粉和淡粉色，颜色不要太艳；布艺材料上，建议选择自然轻薄柔软的棉麻或丝绸，光源要投射到孩子玩耍和看书的区域；家具的话，最好选择原木不上漆的那种木材，质感细腻、厚重。对了，在他的房间用木框裱一张孩子涂鸦画，都是不错的选择。

其次，我们建议，把电视"请出"你家的客厅吧！电视和多媒体无法使孩子体验到真正的生活，尤其是学龄前的孩子是在玩耍和户外游戏中培养各种能力的，所以家里建议不要有太大屏幕的电视和声电光的电流声音刺激，对孩子敏感脆弱的神经发育和听觉、视觉以及对生命的感受伤害很大。如果成人实在需要在工作、生活之余看看电视节目放松一下，那就只好把电视搬进你的卧室吧。

另外，我们还建议给孩子准备一些简单、自然的玩具。作为成年人的我们，试着想一想，什么玩具让我们的印象最深刻？是小时候玩过的沙包、铁环？还是妈妈给你做的布娃娃？其实，真正给我们持久记忆的还是最简单的玩具。比如，在自然中从溪流中取出带青苔藻类的石头变成屋子里的盆景假山；在孩子的眼中，小木棍可以变成房子、汽车和他的某个朋友……这种弹性和自由的遐想与固定的玩具有很大的差别。父母不妨借助简单的木头块、松果或者纸巾的内筒，动手给孩子做一些玩具吧，家里如果能有一些空间搭建一个过家家的地方就更理想了。

华德福教育认为，"孩子能深深地重复地活在一个故事或玩耍中的现在这一刻，而不是永远等着更好的下一刻的出现。"所以建议在家里放置一个适合孩子高度的书架（建议80～90厘米高）和为孩子精心挑选的图书。另外，建议书架就安放在木地板或者舒适的布艺圆地毯上。孩子可以坐着看，或自由地趴在地板上看书。

如果家里的周围有空地、自然保留地或一小块荒野地，那就是孩子最理想的玩耍地了，实在不行的话，凉台也行，种些花草，让孩子看到它们在四季的每一种变化，如果留意观察，孩子会认识院子里植物、昆虫、鸟类等，同时对自己居住的家更有安全感和温暖感。

让孩子在自然的节奏中成长

万物皆有时——播种有时,成长有时,花开有时,凋零有时。

养育我们的孩子,同样也要遵循这样的规律,就像成长,就像花开,需要时间,需要我们静下心来,这样,才能听到自然宇宙中充满的和谐韵律和节奏——日出日落、月亮的圆缺、季节的更替⋯⋯

华德福教育非常重视人与自然的互动。依循大自然亘古不变的节奏,鼓励家长带着孩子一起,过有节奏和规律生活,创造出每天、每周、每月、每季和自然一起律动的生活规律。从另一个角度来看,有节奏的生活也像人的呼气和吸气一样,一静一动,和谐有序。孩子经由"规律与重复"的节奏,在内在产生一种秩序,从而获得完全的保护、爱、安全及和谐。

比如,父母可以这样安排每天的生活节奏。通过日常的生活安排让孩子感受到稳定的规律,平和而充实地过每一天。例如,即使在周末,也可以参考孩子在幼儿园的生活节奏,把户外活动和室内安静读书的活动交替安排,并在中午的时间安排好午睡;晚上睡觉前,以固定的顺序安排孩子梳洗、上厕所、上床、哼唱同一首安眠曲、说同样的故事等,让孩子知道每一步都会发生什么事情。稳定的生活节奏和规律能够给孩子带来安定感。稳定的作息也可以为孩子预备充裕的时间,当孩子不慌不忙地在稳定的规律中作息,能量就可以往建构身体的方向稳健发展。

比如，父母还可以这样安排每个月和每个季度的节奏。四季更替本身也提供了特殊的学习，随着季节更替，在家重复相同的活动，孩子因而了解各个时节的特点。家长可以在家里的一角摆放一张小小的"四季桌"，不同的季节摆放不同的植物，比如在春天，把一颗花生或者一颗大蒜种在一个小花盆中，跟孩子一起观察；比如在夏天，插上一束从路边或者山上摘来的小花；比如在秋天，把一些果实的种子轻轻地放在"四季桌"上；冬天到了的时候，就不妨放一只睡着了的玩具小熊吧——"你看，这个时候，熊妈妈和小熊都已经冬眠了呢！"

有节奏的进食、游戏、休息的规律生活会给孩子带来安全感，帮助他们与自然的韵律建立强有力的联结。生命的韵律节奏就好像我们每天固定重复做的事，如果被破坏，我们的身体就会受到干扰，甚至出现健康问题。缺乏韵律节奏的家庭生活，会让孩子太早从童年梦幻中苏醒，不能与外界和内在建立好连接，从而过度消耗生命能量。尤其是学龄前的孩子存在内在节奏较不稳定的特点，因此从幼儿阶段起需要给孩子设计好规律的生活作息，帮助他们健康、平稳地进入生命的韵律节奏，同时也让孩子从生活中感受到大自然的韵律和节奏，感到自己也是自然界的一部分。

将音乐的艺术滋养带给孩子

与孩子一起，以艺术的态度生活，能够帮助孩子发现自我，认识生命的规律和内在之美。

那么，如何在生活中将音乐的艺术滋养带给孩子呢？

音乐是精神的食粮

两千多年前，孔子就提出"移风易俗，莫善于乐"。流动、活泼的音乐，能给我们的精神带来极大的滋养和安慰。

音乐会影响孩子的内在生活——被音乐滋养的孩子能更好地掌控他们在青少年和成人阶段的情感。

如何给孩子选择音乐？

音乐是人类感情最直接的表达，对于人心有很大的感化力，所以其对于人生的潜移默化之力也最大。正因为如此，父母需要慎重选择孩子感受的音乐。

现代社会里，我们的孩子生活在一个感官被过度刺激的环境中，孩子周围到处充斥着旋律复杂、高亢、情感起伏大的成人音乐，这些音乐会过度唤醒孩子，带来孩子身心成长过程中的各种问题。所以，建议父母为孩子提供具有疗愈作用的音乐，音域不要太广，歌词也要尽量简单，贴近自然。例如，五音歌曲，其特点是纯净、简单、安静、轻柔；还有建议多听听中国古琴曲。孩子在家中玩耍的时候，不妨就把古琴曲当作背景，试一试吧，是不是作为成人的你，在一天的工作过后，在陪伴孩子的古琴声中，也能听出不同的韵味？

将音乐融入孩子的日常生活

9岁前的孩子主要听我们歌唱和乐器演奏，通过聆听和模仿感受音乐。要让孩子生活在一个纯净的音乐环境中，所以我们不主张给孩子听"罐头"音乐——那些来自CD机和电脑的音乐，它们是缺乏生命力的，不能滋养孩子的生命——父母和老师给孩子轻柔且清晰地唱出的音乐才是最美的音乐，在生命的对视和交流中，孩子能够得到充分的滋养。比如，我们可以在讲故事的前后或过程中给孩子加入一些简单的音乐；再比如，可以在孩子在睡觉前，给他们哼唱一些安静的音乐。

这样给孩子讲故事，童话里有生命的力量

童话故事是滋养孩子灵魂的精神乳汁。孩子的世界本身就是一个色彩缤纷的世界，他们常常把周围的世界与想象中的世界艺术般地结合起来，为自己营造一个梦幻般的世界，并渴望进入这个世界。

学龄前的孩子正处于一个梦幻的年龄。在家庭生活中，父母需要为他们精心挑选所需的精神营养。在属于孩子的角落，不妨摆放几本精心挑选绘本给他们自由翻看，让图画中充满爱、智慧、力

量感染孩子的世界。

可以为孩子选择什么样的故事呢？

神奇而富有想象力的故事——这一类故事对孩子很重要，故事的环境以大自然为背景，故事的主旨应是阳光、向上的主题，故事的完整性很重要，可以有冲突、有挑战性的环节，有正反面的对比形象，但负面的形象不要太细节，故事的结尾不要太伤感，当然结果一定是一个非常圆满的结果。这种信念是我们要根植孩子心中的，他们通过故事明白他们会经历挑战磨难，达到目标。格林童话中有很多故事本身就是一幅灵魂旅程的画面。

教育治疗故事——有针对性的一些教育治疗故事也是很好的，教育类故事教育孩子要有好的行为，教会孩子一些事情。可以根据孩子在某个阶段的一些表现，比如有的孩子吃饭不好，或者喜欢打人等问题，设计一些有挑战性的情节隐喻到故事中去，成为某个特定形象，当然故事的结果通常是获得天使或者朋友的帮助从而让孩子发生改变。当妈妈讲完这类故事之后几天，神奇效果常常出乎意料地发生。

身边真实发生的故事——生活中真实发生的小场景也可以成为父母创编故事的素材，场景的真实性会让孩子内心贴得很近，很亲切，接下来可能会催促你继续讲下去，欲罢不能，这时候是我们每一位家长大显身手的好机会，去回味你们童年的成长，发挥每一个人的想象力和创造力吧。

可以这样给孩子讲故事

睡前给孩子讲一个小故事，最好是语气温柔并有眼神对视，因为眼神的对视，本身就是亲子温馨互动的美好时刻，这种美好的氛围会带入到孩子的睡梦中。

为了吸引孩子更专注地听故事，可以模拟一个简单的场景，可以用一些手偶，以妈妈身体布景，例如将绿色的丝绸铺在腿上，代表草地，将蓝色丝绸围在胸前和肩上代表蓝天，然后玩偶小人从身后蹦蹦跳跳出来，每个故事开始和结束还可以编歌曲，歌声的旋律让故事悠远而深长，同一个故事重复一到两周是一个不断深入到他们心田的过程，有时候孩子会主动讲给你听，当你不慎讲错或者故意讲错的时候，孩子还会及时纠正你的。

与孩子这样旅游，发现大自然之美

对于生活在城市森林中的孩子们来说，大自然变得日益遥远而抽象。如何把孩子从电脑、电视、游戏中"争夺"过来，带孩子发现自然之美呢？

首先，作为父母应持有正确的态度——带孩子接近自然不是一件麻烦的事情，而是一件快乐的事情。每一个孩子都是大自然的孩子，虽然看上去把孩子从城市钢筋水泥的丛林中带到大自然中需要做不少准备，甚至需要驱车十几公里，但是，这样的旅行是把孩子真正带回到大自然母亲的怀抱，是一个快乐的事情。爱上大自然吧，从父母开始，你的态度和气息会感染到孩子呢！

其次，走近自然可以从身边做起，对于6岁以下的孩子，固定的地方会让他们感觉到安全，也便于他们对外在世界的观察：户外花园，每天走过的路边，都是他们愿意呆着和观察的地方；我们和孩子一样带着好奇心，可以去花园树根下寻找栖息的小虫，雨后树干上出游的蜗牛，小路尽头未知角落里勤奋织网的蜘蛛，引导孩子观察小区花园里树叶、花朵因四季的变化会有什么不同。每天走出的大门外，地面的小坑，会在雨天和有阳光的日子发生怎样的变化。其实孩子从小就是小小探索家，比成人更有冒险精神，他的目光会比你更加细致和独到。

有空闲时间时，我们可以带领孩子拓展探索的领域，城市的郊外就是很好的选择，相对于城市里到处都是铺得平整的柏油路面，郊外那种充满泥土气息和有许多凹凹凸凸的小石头的"崎岖路面"会让孩子觉得充满挑战，或许孩子们开始会有些怨言，但他们会很快适应，特别是相同路径的重复会让孩子感受到自己的成就感。

对于7岁以上的孩子，可以做一些简单的、路程近的徒步旅行，无需太远，靠近城区就好，不要让他们感觉到太疲惫的时候就能及时回家。

徒步旅行中，最重要的或许不是父母是否具备深厚的自然知识，而是是否具备那种对自然的乐趣和富有感染力的激情，这会帮助到孩子去保持他与生俱来的新奇感。想让孩子与自然建立联系最有效的方式，就是让我们自己与自然先建立联系。只要我们家庭中的每一员都热衷于户外活动，孩子们就会自然地跟随。

把这句话放在心中吧——"在自然界中，让儿童去学习知识远没有让他去体验重要。"

和孩子一起做厨艺

食物是用来滋养身心的，不是用来娱乐或兴奋的。简单的食物意味着简化食物选择的数目，简化口味、原料，这样可以很好地保护孩子细微口味的感知力。因为太多食物和味道已经夺走了孩子品尝自然食物的能力，破坏了孩子的味蕾，许多"平淡"的食物根本无法引起小孩的兴趣。

在 华德福的教育理念中，建议父母用心为孩子准备简单、健康的饮食。比如父母可以提前备好新鲜的食材，再邀请孩子参与做一些力所能及的事情，比如洗菜、切菜、揉面、为烤蛋糕打发蛋白、包包子、包饺子、拉面条等等，孩子会专注参与着每一份"工作"，当然孩子也可能在"工作"中把事情弄砸了，还可能给父母的工作添了不少乱，但是，当孩子品尝着自己亲手烹饪的美食，享受每一次巧手创造的"奇迹"时，这种带着孩子鲜活的生命气息，带着浓浓的亲子情谊烹饪的美味是任何大餐盛宴所无法比拟的,这个亲手创造美味的过程会带给孩子丰富的内在滋养。

从简单、健康的饮食开始,这般简单、绿色的生活会渗入到生活的各个角落。带上一颗感恩的心享受大自然对我们的馈赠,带着当下意识和专注力享用我们的鲜烹美食,正所谓食之有味,食知其味,食享其味。

这样与孩子一起做手工

如果孩子小时候能够学着用自己的双手,以一种艺术的方式,为自己也为别人做一些实用的东西,他们长大以后就不会是生活的门外汉、人群中的孤独者。他们将以一种合群的、富有艺术感的方式去生活,去建立与他人的关系,他们的生命也将因此而 变得丰富和充实。

——鲁道夫·斯坦纳

在华德福学校,老师是怎么带领孩子一起做手工呢?

首先,环境需要布置得很宽敞,功能区分配得当,材料在固定的收纳箱里,便于上课随时可以使用,不管是老师来做还是跟孩子一起做,从开始到结束,都需要井然有序的步骤, 不然孩子会挤到一堆,因为他们急需去模仿老师的每一个步骤,以至于自己掌握之后可以自由地玩出很多不同的感觉和创意来。

对于孩子来说，保持同样的方式和节奏是很重要的，这会给他们带来确定感和舒服感。在华德福学校，孩子在7岁进入小学后，精细小肌肉运动慢慢地发展可以应对一些细致的工作，老师会教他们学习折纸、剪纸和编结，因为经过编结能培养他们的动手意识和能力。有些孩子回家之后可以自己拿本折纸书或者剪纸书，坐在那一直做下去，只是他需要帮助的时候，父母及时出现就可以了。最幸福的是，这个时候，他可能会编很多漂亮的、不同编法的绳结来到你身边，对你说："妈妈，这是送给你的。"然后你发自内心地接下来，并送他一个亲吻，他会非常满足，孩子是经父母的肯定和赞誉中认识自己是谁。

当手工课的工作结束了，孩子们就要安静下来收拾桌面物品回归到原位，这时，老师可以用竖笛声或歌声表示开始和结束，设计一个熟悉的旋律，每次在这样的时候听到熟悉的旋律，表示我们可以下课了，手工课告一段落，孩子们也会渐渐熟悉这样的节奏。

对于三四年级的学生，老师会带领他们做一些缝制工作，比如用织布来做简单填充的小动物或者做一些实用的物品，比如钥匙吊扣之类的。在孩子们缝制之前，往往我们会提醒他们"设计"好自己的作品，比如考虑实用性。我发现，在这个阶段，有些心思细腻、双手灵巧的孩子缝制得已经相当好了，他们的内在似乎有一种完美和强烈愿望——要做到最好；有些慢半拍的孩子就属于做了拆又重来，不在乎是不是能完成；还有些小男生在缝制中基本是把线裹上去的，这时候，老师一般会帮助他们，使他们对这个手眼脑并用合一的工作有种满足感和自信心。

在一些华德福学校，五六年级到初中的孩子都会在一起上手工课，也就是12岁之前吧，要做的手工是布做的或者编结的玩具或者可爱的动物，也会用小棍子或冰棍棒建构屋子模型，要孩子们自己设计之后，再根据设计图纸做出来，而且做出来的作品是具备实用性和美感于一体的，而老师只需要在适当的时候帮助他们一下，他们就能顺理成章地做得非常出色。

当你发现自己的孩子与别人的孩子不一样

我想，大多数家长都能接受一个事实，那就是，世界上没有两片相同的树叶。但是，要大家相信，自己的孩子跟别的孩子不一样，那可就不是一件容易的事情。不少人喜欢拿自己的孩子去跟别的孩子进行比较，好像一比才有高低。

华德福的教育理念认为每个孩子的不同从受精卵就开始了，这种"精神胚胎"在孩子的童年就展现出不同的气质类型。想象一下，孩子在你的怀中听到你唱起这样的歌——"你是宝贵的，让我们每一个人成为独特的自己，就像太阳和月亮不同，你和我不同"的时候，是不是很开心地跟你说，"妈妈，我觉得自己是一个很特别的人！"

当你发现自己的孩子与别人的孩子不一样的时候，我们的建议是：

首先，请你观察你的孩子，了解他的不同气质类型，具体包括火相（胆汁质）、水相（黏液质）、风相（多血质）和土相（抑郁质）。我们能做的是了解孩子个体的特性，接纳他们原有的面貌并适度引导，比如：

如果孩子像火，我们能否让他既具有火的热情，又能适度燃烧？然后，用十二分的耐心等待他的改变，用客观的态度、冷静的语气告诉他发生的事情，帮助他跳出自己的强烈情绪。

如果孩子像水，我能否让他具有水的宁静又能适度流淌，能否利用我们向上的力量帮助他克服迟疑，保有他的忠诚可靠。

如果孩子像风，我能否在给予他平稳的变化规律时允许他的善变，能否提供更多种类的工作，循序渐进地培养他的专注力。

如果孩子像土，我们能否给予更多的爱、关怀和幽默感，保护他丰富而活跃的内在和深度的思考力，并帮助他走出自我中心。

然后，请尊重你的孩子，不要总是去跟别人家的孩子进行比较，尤其不要用自己孩子的"不足"与其他孩子的长处相比。

对于孩子，成人似乎会不由自主地和其他孩子进行比较，或许从孩子出生的那一刻起，比较之心就慢慢开始；紧接着，孩子的走路、说话、吃饭无一不在比较之内，特别是等孩子越来越大，接触的世界越来越大，参与的活动越来越多时，成人的比较之心也在不经意间扩大，我们最常听到的话就是——"我家孩子时不时胆小，怕生，内心脆弱，成绩不好，运动不够，做事情没有专注力……"

每个人都是特别的，这个世界才会精彩。因此也不要总拿自己的孩子和别的孩子比较，因为辣椒不需要和茄子比较，辣椒只要自己够辣就好。

另外，请你在陪伴孩子成长时，更加耐心，更加安心，并用发展的眼光来养育自己的孩子。遇到你觉得担心和焦虑的事情时，不要急于去处理和解决孩子的问题，而是去了解这样的问题是不是某个年龄段存在的普遍现象，了解孩子的成长规律，特别是个体的不同特性和气质差异，这样才能帮助你怀抱着平常心去迎接孩子每个阶段的成长。

当我们对孩子的问题产生焦虑或担心时，不妨先观照并反省自身，或许我们不接纳自己身上的部分特质，这时候，我们不妨跟自己暗示：不要纠结于某一点。否则的话，问题会被放大，那么你的世界就只有恐惧和焦虑了。只有当我们能真正去接纳生命中出现的每个问题时，真相才会表现出来，我们就能收获惊喜和喜悦，我们就能去爱孩子本来的样子，并引领他走向宽广的世界。

还记得那句歌词吗？"你是宝贵的，让我们每一个人成为独特的自己，就像太阳和月亮不同，你和我不同。"

如果孩子生病发烧了怎么办

在华德福的教育理念中，当孩子生病发烧时，作为孩子守护者的我们该如何做呢？

首先，父母要认识发烧是什么。

发烧是人类最原始的一种保护自己的能力，帮助我们抵抗感染，战胜疾病。除非发烧超过了42度，而且往往是由于外界的温度和环境导致的发烧，会导致脑损伤外，身体内部原因导致的发烧，一般没有被抑制的话，体温不会一直上升，也不会导致脑损伤。发烧很大程度地帮助孩子发展出健康强大的免疫系统。

其次，怎样才是对待发烧的正确态度。

孩子生病发烧时，父母常常因为焦急而慌乱，也会在慌乱下尝试自己知道的各种退烧方法。但是，这时孩子身体本来已经启动的自愈过程，可能就在杂乱无章的应对中被打乱，结果疾病就向着我们担心的方向去发展。所以，作为父母，首先我们要让自己从慌乱中静下心来，寻找孩子发烧的原因，并相信自己可以找到帮助孩子的方法。因为孩子全然信任地把他们自己交给我们，而我们每天与他们朝夕相处，只要你用心去感受，去观察，孩子会告诉你发生了什么。因为，当问题以全然的面貌呈现时，解决的方法其实就在旁边。所以，我们要有耐心和智慧去找到它。

父母有一颗坚定而沉着的应对疾病的心，也会让孩子能够从容面对自己的疾病，我们也需要以充满想象力和幽默的方式教孩子认识疾病和身体的不适。

对于发烧的孩子的护理建议有哪些？

建议给孩子营造一个安静、温和的环境。孩子生病时需要足够的睡眠，不能参与让人兴奋的娱乐活动，也不要给生病的孩子玩电动玩具，应尽量减少外界（声、光、电等媒体）环境对孩子的感官刺激。

同时，父母要给予孩子身体和心灵的温暖呵护。因为温暖维持了我们的健康，也帮助孩子从疾病中康复。情感上的温暖是孩子健康成长的基础，缺乏温暖则会导致慢性疾病潜伏，这样的严重性远超出我们的想象。

另外，需要给孩子适合的饮食方面的调理。孩子发烧时，会流失很多水分，需要及时补充失去的水分和盐分。比如，可以给孩子提供糖盐水，新鲜的果汁，清淡的蔬菜汤等。吃的方面，可以给孩子提供一些易消化和吸收的食物。例如，粥、汤和果泥等。还要谨记，不要勉强让孩子进食，除了补充必需的，维持身体运转的能量，孩子自己会告诉你什么时候他需要进食了。恢复期的孩子尤其不要急于给他补充营养，因为他们的身体刚刚经历了一场战斗，十分疲惫，他们需要一个缓慢的节奏来恢复他们饮食、运动和其他日常活动。

我们建议，合理使用一些自然顺势绿色的疗法。建议父母学习和掌握一些简单的处理发烧的顺势疗法, 包括热敷、按摩、刮痧和传统中医食疗方法等, 因为这些方法均针对不同症状和原因的发烧, 在这里无法一一举例, 用心的父母可以自己寻找公共资源进行学习和应用实施。

基于你对自己的信任和对孩子的了解, 在下面这些情况下, 父母需要得到专业医生的帮助:

(1) 一岁以内的婴儿发烧超过38度;

(2) 两岁以下的孩子发烧持续了24~48小时;

(3) 孩子发烧持续了48~72小时;

(4) 孩子发烧伴随出现呕吐、昏迷、呼吸困难、脖子僵硬、肢体没有办法移动的情况时。

说明: 本部分内容得到了中国大陆数位华德福学校的老师和家长的悉心分享, 他们是: 闵捷、林真、侯春羽、李江云、曾兰英、陈咏妍、黄伟聪等, 谢谢他们!

节日庆典是华德福教育中重要的组成部分。

节日庆典不仅可以带给孩子一年中相对稳定的生命节奏，还可以带给孩子对天地万物的敬畏之心。每一个中国的传统节日都有民间故事相伴，家长可以用偶戏或者表演的方式把故事带给孩子。

在庆典当中，我们不需要给孩子讲缘由和道理，只需要事先把活动流程设计好，就可以和孩子一起，怀着崇敬的心和一丝不苟的态度参与到节庆活动中。

（照片由佛山天蕴华德福园提供）

WALDORF